大运河

Dayunhe

李德楠 编著

江苏凤凰美术出版社

符号江苏·口袋本

图书在版编目（CIP）数据

大运河 / 李德楠编著. -- 南京 : 江苏凤凰美术出版社, 2017.1（2019.7重印）
（符号江苏·口袋本）
ISBN 978-7-5580-1459-8

Ⅰ. ①大… Ⅱ. ①李… Ⅲ. ①大运河—历史—江苏 Ⅳ. ①K928.42

中国版本图书馆CIP数据核字(2017)第025456号

责任编辑　葛庆文
特邀编辑　胡久良
责任监印　朱晓燕
装帧设计　曲闵民

书　　名　大运河
编　　著　李德楠
出版发行　江苏凤凰美术出版社（南京中央路165号　邮编：210009）
出版社网址　http://www.jsmscbs.com.cn
排　　版　江苏凤凰制版有限公司
印　　刷　合肥精艺印刷有限公司
开　　本　787 毫米 × 1092 毫米　1/32
印　　张　4.5
版　　次　2017年 1 月第 1 版　2019年 7 月第 2 次印刷
书　　号　ISBN 978-7-5580-1459-8
定　　价　30.00元

营销部电话　025-68155790　营销部地址　南京市中央路165号

目录

CONTENTS

引言

难以置信的东方奇迹

“大部分地区都有大河灌溉，其中有几条水量丰富，许多地方望不到边，即使有能望到的地方，也很难看清楚。它们都可通航，经常有大量船只行驶。谈到这种情况,使人难以置信。我要说的是：在这方面，它们超过世界上其他所有的河流。我曾在流向杭州的南京河的一个港湾停留八天，等待数量惊人的汇集起来的船只通过。一个沙漏时辰过去，仅数一数往上航行的小船，就有三百艘。那么多的船都满载货物，为旅客提供便利，简直是奇迹。”

葡萄牙耶稣会传教士曾德昭（Alvaro Semedo，1585—1658）如此感叹。他于1616年和1620年两次来到中国传教，历居杭州、嘉定、上海、南京等地，著有《中国志》一书。

“中国人说，过去这里是汪洋一片，只是通过辛勤的劳动才将部分水引入大海，将其余的水流给人们四处开凿的众多的运河。……一些很少受到物理及水平测量原理教育的人，竟然能将如此伟大的工程完成得尽善尽美，真是让人难以相信。运河常是笔直的，布局有序。为了保养运河，人民开辟了与河流相连的通道，以及洪水时溢洪的出口。中国人的机智灵巧至少起了很大的作用，这是毋庸置疑的。”

这是法国耶稣会传教士李明（Louis le Comte，1655—1728）的评价。他于1685年来到中国，以数学家身份被派往康熙宫廷候职，1692年返回法国。

“大运河，世界历史上绝无仅有的内陆大航道。我可以保证说，论大小，我们英国最长的内陆航道与这条横越中国的大干线相比较，犹如花园鱼池之对威南德麦尔大湖。无论是中国人还是鞑靼人修造，这项工程的构想及其实施，都说明他们高超的科技水平。我怀疑今天的中国，没有人能达到这个水准。”

英国外交官、作家约翰·巴罗（John Barrow，1764—1848）如是说。他于1793年跟随英国马戛尔尼使团来到中国，任使团参赞，从北京沿大运河南下至杭州。

对于中国大运河，上述两位17世纪欧洲来华传教士和18世纪英国外交使团成员不约而同地使用了“难以置信”来形容这个东方的水利工程。

由于人力资源的丰富，中国公共建设工程的巨大规模往往会让现代很多其他国家的伟大工程相形见绌。比如说两千年前，中国修建了长达万里的军事防御工程长城；比如说，在欧洲还不知运河是何物的公元前4世纪，中国已经开凿了无数条沟通内河，用于灌溉排洪、交通运输的运河。这些工程的完成者，并没有受过物理机械原理方面的教育，而常常是出于本能和实践的经验，找到方法完成了有些连最巧妙理论都无法解决的大工程。

中国与埃及、巴比伦等是世界上少数几个最早开发运河的文明古国之一。公元前486年开凿的邗沟运河，直到今天仍是沟通江淮之间的水运干道。经过数个世纪的开凿和维护，中国隋朝的统治者于公元610年建成以洛阳为中心，南通杭州、北通北京，全长达两千七百公里的隋朝大运河。

中国元朝统治者忽必烈汗约于1293年开通北京至杭州的京杭大运河，经天津、河北、山东、江苏、浙江等省市，贯通海河、黄河、淮河、长江、钱塘江五大水系，全长一千七百九十四公里。随后的明清两代统治者尽力维护，使之保持通航。目前京杭运河山东济宁以北河段因水源不足，未能通航，济宁以南至杭州河段，已建设现代大型船闸和水利枢纽工程，仍在通航。

16、17世纪以后随着工业化的发展，对贸易的需求，包括英国在内的许多欧洲国家如法国、德国、意大利、荷兰等都开凿了不少运河；但以运河延伸路线之长、维持时间之长、工程之伟大和艰巨而言，中国在世界上则是独一无二的。

18世纪，京杭大运河在沟通中华帝国南北交通方面发挥了至关重要的作用。运河的开凿开通，完成了跨越全国的整个水路交通网，它穿过中国的两大河流——长江和黄河，使南方的漕粮、货物源源不断地输送至北方的都城，也促进了人口的流动，带动了运河岸边港口城市的经济繁荣；而克服种种天然的障碍，将自然河流、湖泊改造成连续的运河，则显示了中国人的勤劳、毅力和智慧，是人类工程史上的奇迹。2014年6月22日，中国大运河在第三十八届世界遗产大会上获准列入世界遗产名录，成为中国第四十六个世界遗产项目。遗产项目包括跨越中国八个省、直辖市，二十七座城市的二十七段大运河河道遗产，以及运河水工遗存、运河附属遗存、运河相关遗产共计五十八处遗产点，河道总长度一千零一十一公里。

与世界上其他国家的运河相比，中国运河的路线是曲折的，在各个流域长度与宽度往往不一。中国运河的特别之处还不止这些，还有它长达数千年的开凿历史，严密的管理运营体系以及它对中国政治、经济及文化的深远影响。今天，仍有超过三亿的中国人生活在大运河两岸。大运河是解读中国的一部百科全书，记载了中国人民生活和历史的点点滴滴。大运河的诞生，可以追溯到公元前 5 世纪，在它长达数千年的生命中，发生了无数个动人的历史片段，这些决定了它曲折的延伸路线。

第一章 大运河是怎样建成的

第一节　大运河建设的背景

1. 自然地理背景

中国地形总体为西北高东南低，呈三级阶梯，自西而东，逐级下降。山系以东西走向和东北–西南走向为主。这种山系分布情况决定了中国河流以东西走向为主，天然形成的江河水系大体都是从西往东汇入大海的。在中国东部自北向南分布着海河、黄河、淮河、长江、钱塘江等水系流域。这种水系分隔的地理环境是大致南北向的中国大运河产生的自然背景。

中国大运河沿线自北向南横跨两大自然气候带——温带季风气候、亚热带季风气候。

气候条件千差万别，水资源分布在地域和空间上存在极大差异。北方的华北平原多年平均降雨为五百毫米至七百毫米；淮河以南至钱塘江流域，则从一千毫米至一千五百毫米不等。中国东部地区全年降雨量的百分之六十至百分之八十集中在6月至9月的四个月里，其中主汛期一个月的降雨占全年的百分之五十以上。水资源特点主要是地域分布不均，年内、年际分布不均。特有气候水利条件决定了水源问题、防洪防汛问题是中国大运河面临的严峻挑战。

中国大运河沿线经过的主要地理分区包括华北平原、山东丘陵、长江三角洲和宁绍平原。

华北平原地势低平，多在海拔五十米以下，是典型的冲积平原，由黄河、海河、淮河、滦河等所带的大量泥沙沉积所致，是旱涝、盐碱、风沙等自然灾害频发的地区。

山东丘陵是山东省中东部低山丘陵的总称，位于华北平原中部偏东的山东地区，是华北平原周边地势较高的区域。

长江三角洲海拔多在十米以下，有“水乡泽国”之称，河湖密布，气候温暖湿润，土地肥沃，物产富饶，是我国主要的农业经济区。

宁绍平原是中国浙江东北部一片东西向的狭窄海岸平原。北起钱塘江南岸，东至东海海滨，气候温和湿润，多旱涝及台风。

此外，中国大运河还受到黄河的巨大影响。黄河是世界上泥沙含量最大的河流。在黄河的影响下，大运河沿线多条河流不断改道，相关湖泊陆续形成、消失，对大运河的维护造成了较大的困难。为此，从隋代开始，中国历代政府不得不投入大量人力物力疏浚河道，建立和维护了大量水工设施和综合枢纽，解决黄河带来的诸多问题，保持大运河的持续通航。

以上多样的自然条件使中国历代政府难以直接利用自然河湖水系建成沟通南北的人工运河，也为维护内陆运输水道带来较大困难，同时，这种多样性的自然地理背景也造成了中国大运河各个段落具有各自鲜明的特征。

其中，位于华北平原平坦的冲积扇上的南运河弯道较多，水流平缓。位于山东丘陵西侧的会通河是大运河沿线地势最高的段落，面临水源供给不足的巨大困难，因而修建了巨大规模的水源工程，是世界运河建设史上的里程碑之作。位于与黄河、淮河交汇处的中河和淮扬运河，为了解决运河穿黄河、减少黄河淮河水患、避免泥沙淤积等问题，在历史上不断进行相关设施的修建和维护，发展出一套应对黄河影响的措施，建设了代表17世纪世界范围内处理泥沙问题先进水平的清口枢纽。位于长江三角洲的江南运河则是具有水源充沛特点的网状形态的水道体系。

总之，中国东部多样的地形气候特点不仅给中国大运河的建造和维护带来了艰巨的困难，也造就了中国大运河沿线各具特色的河道分布和技术特点。

清口枢纽

2. 社会文化背景

中国是一个统一的多民族国家，其形成的历程是较为复杂的，历经了多次统一与分裂阶段，其中大运河的建设与维护是推动和支持中国社会与民族南北融合的战略通道和重要支柱，对形成统一国家起到了促进和支持作用。中国这一统一的多民族国家的形成发展过程主要分为以下四个阶段。

（1）形成和初步发展阶段

公元前221年，中国历史上第一个统一的中央集权的封建国家——秦朝建立。秦朝在政治、经济、文化上采取了一系列巩固统一的措施。随后建立的汉朝在此基础上进一步发展了“大一统”的制度与措施。

（2）繁荣阶段

隋唐时期（6—10世纪）是中国这一统一多民族国家的空前发展时期。隋朝结束了中国自汉代以来长达四个多世纪的分裂割据，完成全国统一，完善了专制主义中央集权制度，并陆续建成通济渠、永济渠等一系列运河，在中国历史上第一次完成了贯通南北的内陆运河体系，为加强中国南北方之间的联系、巩固中国大一统的政治经济格局提供了基础。随后建立的唐朝继承发展了这些措施。

（3）新发展阶段

13世纪时，元朝实现了中国的再一次统一，采用多种措施加强和巩固了中国南北统一的格局，并在原有的大运河基础上，克服了黄河改道等自然条件的巨大改变，对大运河原有体系进行裁弯取直，组织修建了会通河、通惠河等段运河，克服了部分地区地势较高、水源缺乏的困难，规划建设水源工程、水柜、调水工程等措施，实现了中国历史上第二次南北内陆水运交通的大沟通，再次达成了以国家都城为中心进行漕运调度的目标。

（4）巩固阶段

明清时代（14—19世纪）中央政府在多个方面加强了“大一统”的制度与措施。由于在此时期的大部分时间里，中国大一统王朝的政治中心仍位于北京地区，为了保障漕运的持续畅通，政府在元朝修建的大运河基础上不断进行整治修葺，陆续新建、改建多处河道和水工设施，不断完善漕运河道与运输管理制度和机构，基于大运河河道形成了完备而成熟的漕运体系。这套漕运体系作为国家重要的政治措施和经济文化制度，与不断得到政府不惜巨大人力物力进行疏浚维修的中国大运河一起，一直沿用至19世纪。

可见，中国的地理形态决定了天然河道由西向东的流向，也决定了其社会与民族融合的主导方向，如早期的黄河流域文明与东方文明最早出现的一体化过程。而大运河的出现无疑促使了这一运动方向的改变，隋唐黄河中下游和长江中下游虽然同为基本经济区，但国家重心的发展趋势依然是从西向东，而元代大运河贯通以后，江南基本经济区的地位不断提升，南北权衡成为国家政治的重要内容之一。

大运河作为重要的交通联系干道，必然参与到文化交流与融合之中。大运河衍生文化交流的内容全面而广泛，从建筑、园林、民俗等诸多方面可一隅观之。

第二节　大运河建设的历程

中国大运河的主体工程主要集中在三个时期：一是春秋战国时期（前5—前3世纪），各诸侯国出于战争和运输的需要竞相开凿运河，但都各自为政，规模不大，时兴时废，没有形成统一体系。这一时期最著名的事件是邗沟的开挖，它沟通了淮河与长江，成为中国大运河河道成型最早的一段，并作为重要的区域性交通要道得到不断地维护与经营。二是隋朝时期（7世纪初），为了连通南方经济中心和满足对北方的军事需要，在帝国政府统一的规划、建设和管理下，先后开凿了通济渠、永济渠，并重修江南运河和疏通浙东航道，从而将前一时期的各条地方性运河连接起来，形成了以国都洛阳为中心，北抵涿郡、南达宁波的大运河体系，完成了中国大运河的第一次全线贯通，并在唐代和宋代得到维护和发展。三是元朝时期（13世纪后期），由于中国的政治中心从关中地区迁移到北京，皇帝忽必烈组织开凿了会通河、通惠河等河道，从而将大运河改造为直接沟通北京与江南地区的内陆运输水道，形成中国大运河的第二次南北大沟通。明清两朝维系了大运河的这一基本格局，并进行了多次大规模的维护与修缮，使大运河一直发挥着漕粮北运、维系国家稳定繁荣等重要功能。以下对中国大运河的各个发展阶段分别进行简述。

1. 中国大运河的初创阶段（前5—6世纪）

中国大运河的开掘始于春秋战国时代。公元前486年，为北上争霸，吴国在今扬州附近开挖邗沟，沟通长江与淮河水系，成为中国历史文献中记载的第一条有确切开凿年代的运河。到战国中期，魏国为争雄称霸，于公元前361年前后开始挖掘改造鸿沟，北接黄河，南边沟通了淮河北岸的几条主要支流，构成了黄、淮之间的水路交通网络。公元前221年秦始皇统一六国后，为了建立和巩固新的空前统一的大帝国，更充分利用了鸿沟水系，从各地漕运大批粮食，源源不断地运往关中和京师咸阳。

西汉时期，政府为了向京城长安运送漕粮，将运河向西延伸到达关中地区。东汉定都洛水北岸的洛阳，开凿阳渠以沟通洛水与黄河，洛阳成为全国最大的漕粮集中地。这一时期，鸿沟水系的许多支流均已因黄河泛滥而淤塞，只有其主水道汴渠尚未断流。东汉政府十分重视汴渠的修治，并对邗沟进行了整治。当时，由京城洛阳入汴渠，至徐州入泗水，由泗

古邗沟遗址

水入淮水，再转经邗沟可达于江南。

东汉末期，为征战北方，曹操利用黄河故道，开挖了白沟等运河，使运河向黄河以北延伸，抵达今河北省东部地区。此后的东晋南北朝时期，南方统治阶层着力开凿修治浙东运河，自杭州东渡钱塘江至萧山县的西兴镇，再由西兴镇东通至宁波，沟通了姚江、甬江、钱塘江、曹娥江等自然河流。

经过一千多年的陆续营建，到隋统一中国之前，以中原地区为中心，贯通东西南北的中国大运河体系已初步形成，为隋唐时期对运河大规模开挖、整治及航运大繁荣奠定了基础。

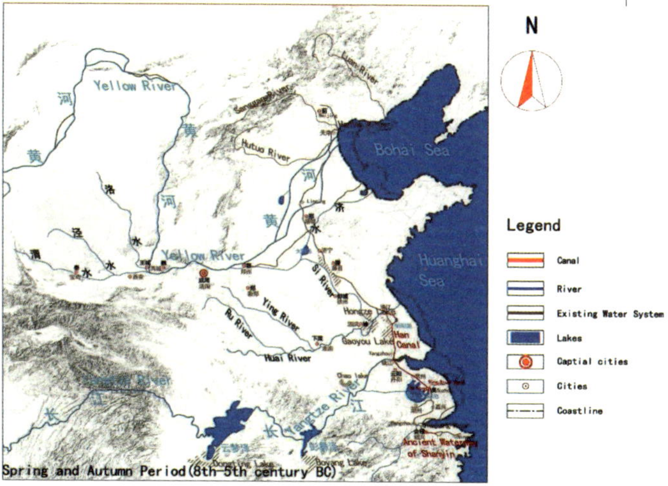

大运河初创阶段示意图

2. 中国大运河的第一次大沟通阶段（7—12世纪）

隋唐时期，中国的经济重心已经逐渐转移到长江流域等南方地区，而国家政治中心仍处于北方的关中地区和中原地区。605年，为了加强首都洛阳与南方经济发达地区的联系，保证南方的赋税和物资能够源源不断地运往北方，隋炀帝在前代汴渠的基础上下令开凿通济渠，沟通黄河与淮河。同时，隋炀帝下令重新疏浚邗沟以及疏凿长江以南的江南运河，并对前代开凿的浙东运河航道加以整治，使大运河越过钱塘江沟通宁绍平原。此后，为了开展对北方的军事行动，隋炀帝又于608年在黄河以北，在曹操时期开凿的原有运道的基础上，开凿永济渠，直抵涿郡（今北京南郊），从而完成了以洛阳为中心，东北方向到达涿郡，东南方向延伸至江南的一条“Y”形运河，在中国历史上第一次建成了从南方重要农业产区直达中原地区政治中心和华北地区军事重镇的内陆水运交通动脉。

唐宋时期，运河各段的名称多有变化，但大运河的主要河段、格局和走向都基本没有变化，政府对运河的主要任务在于维护航道、大规模疏浚与改建部分航段，同时建立粮食仓储、转运等运河配套设施，并逐步完善了统一进行运河维护和运输管理的漕运行政体系，保障当时政府的政治与军事需求。

经过第一次大沟通，大运河成为沟通中国经济中心与政治中心的大动脉，确保了繁忙的物资与人员交通，不仅为维持中国大一统的政治局面作出了重要贡献，也促进了运河沿线地区的经济和社会的发展繁荣。

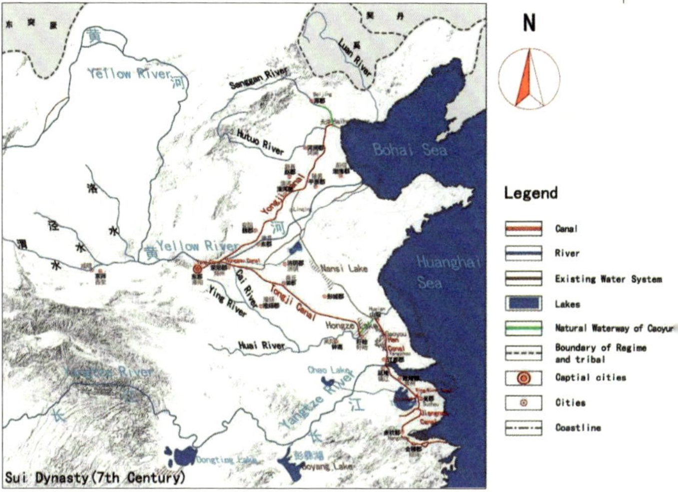

大运河第一次大沟通阶段示意图

3. 中国大运河的第二次大沟通阶段（13—20世纪上半叶）

两宋时期，大运河作为政府连接海外的重要通道凸显其重要的战略地位。北宋晚期以后，宋、金对峙，战乱不断，运河航道维护逐渐松弛，航道不断淤积，航运逐渐中断。期间黄河数次泛滥，淮河以北的大运河河道大多被黄河堵塞，以洛阳为中心的大运河体系逐渐宣告结束。

在元朝完成对中国的统一并在大都（今

北京）建立政治中心后，从南方经济中心供给北方政治中心的需求再一次被提上议事日程。1289年，元朝政府组织开凿了会通河，北通卫河，南接泗水、黄河，从根本上改变了淮河以北大运河的格局与走向。由此开始，大运河不再流经洛阳，河南和安徽北部的河段被废弃，大运河形成了南北直行的走向，缩短航程千余里。1293年，沟通大都城内与城东通州的通惠河建成，来自南方的漕粮可直接抵达城内的积

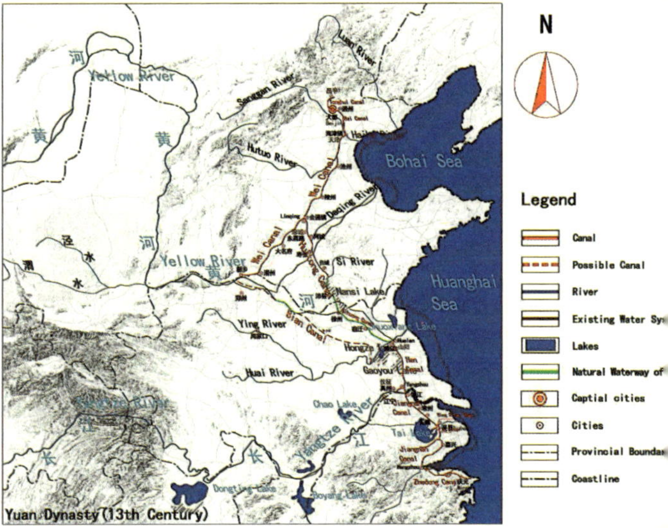

大运河第二次大沟通示意图

水潭，实现了中国大运河的第二次大沟通。

自明成祖朱棣再次定都北京直至清朝灭亡的五百年间，北京一直是全国的政治经济中心。为了保障漕运的持续畅通，明清政府投入了巨大的人力和物力，在元代大运河的基础上不断进行整治修葺，陆续新建、改建多处河道和水工设施，并不断完善漕运管理制度和机构。其中，为了减少清口以北借黄河行船所带来的危险，清政府于1686—1688年在宿迁与淮安间与黄河故道平行的东侧组织开凿了中河。中河的建成标志着大运河彻底脱离了借自然河道运行的状况，实现了完全的人工控制。此外，随着社会经济的进一步发展，大运河成为联系全国经济的交通大动脉，在运河沿岸形成了一批转口贸易城市，促进了运河沿岸城市商业的繁荣。

1855年，黄河在兰考铜瓦厢决口，于阳谷张秋镇穿过运河夺大清河入海，不仅影响航道，还造成了运道补水不足，通航困难。清政府虽采取了许多措施，但仍未能从根本上解决问题。到了清末，由于内忧外患，清政权岌岌可危，无力顾及运河之事，因此逐渐放弃了修复运河的计划，宣布各省漕粮全部改折银两交纳，运河及漕运管理机构也陆续裁撤。至此，沟通南北的大运河逐渐中断，变为多条局部通航的地区性运河，除江南、淮扬、浙东、鲁南及南北运河等水段外，其他河段渐渐淤废。民国时期虽曾有过重开运河的计划，但仅限于纸上谈兵而已。

4. 现状阶段（20 世纪下半叶至今）

中华人民共和国成立后，一直对大运河进行着修复和整治工作。经过数十年的现代化治理，大运河北方段部分恢复航运，山东济宁以南的河段一直保持畅通，成为连接山东、江苏、浙江三省，沟通淮河、长江、太湖和钱塘江水系，纵贯中国东部沿海地区的水运主通道，也是世界上最繁忙的运输航道之一。如大运河苏北段是国家北煤南运的“黄金水道”，承担了江苏北部地区绝大部分经济发展所需原材料的运输，2011年货运量达二点二亿吨；浙北运河网经过“九五”时期以来的航道等级提升改造，货运量从1995年的零点八亿吨增长到2011年的二点六亿吨。同时，国家还大力发展

“绿色航运”，在航道整治中引入生态理念，以减少对原有生态环境的破坏，不仅使货物运输量稳步提高，也使沿线水环境和生态环境得到不断改善。如苏北段2011年全线达到国家二标航道标准，还专门在航运沿线各船闸实行“GPS一票通”服务，让船员不出船舱就能完成船舶过闸所有流程，在节约燃油的同时大大减少了碳排放量。此外，大运河还发挥着巨大的排涝、灌溉、排洪、供水、沿河城镇建设及环境生态等综合功能。

黄金水道

古代中国的国家政治中心和军事中心大多坐落在北方，而中国的经济中心自南北朝后（5—6世纪末）逐渐由北方地区转向南方地区，因此在从5世纪到20世纪初的一千多年中，中国都处于经济中心与政治军事中心分离的局面。为了紧密联系南方地区的经济中心与北方地区的政治军事中心，保证南方的赋税和物资能够源源不断地运往北方，满足政治军事中心的需求，对于中国历代政府来说，开辟并维持一条纵贯南北的运输干线，就成为极具战略重要性的政治举措和统治需要。

为了实现这一目的，古代中国政府大多选择内陆水运的方式，以大运河作为较为安全、快捷的运输通道，不惜投入巨大的人力物力，克服艰巨的困难，不断修建维护运河河道、水工设施、运输储存设施，订定与之配套的相应管理体系，逐渐建立起一套完善的政治与经济管理制度，专门负责调运国家战略物资，保证了通过大运河进行持续、畅通的运输。

这种由国家政府组织和管理，利用水路（主要是大运河水运，偶尔也采用海运）调运专门物资（主要是粮食）到首都（或其他由国家政府指定的重要军事政治目的地）的专门运输体系被称作“漕运”，它是古代中国这一庞大的农业帝国最根本的需求之一，也是最重要的赋税方式和治理国家最重要的统治手段。

对于自隋代至清代的多个朝代，漕运都是重大的国家事务，是古代中国这一巨大的农业帝国保持顺利运行的基本保障之一。在漫长的历史时期里，漕运这一独特的制度和体系，跨越多个朝代，稳定地延续了一千多年，对古代中国的发展产生了巨大的影响，形成了近两千年的文化传统。

沿中国大运河持续运行的漕运系统，促进和加强了中国东部地理经济区域的发展和繁荣，稳定了中国的政治经济格局，保证了国家统一和安全，对古代中国大一统观念的产生和传播起到了重要的作用，更加强了地区间、民族间的文化交流。

运河沿岸居民也衍生出独特的城市与村镇。那些历代曾扮演过运河重要节点的城镇均受到运河的影响，经济不断繁荣，城市逐渐发展，为今天留下了独特的历史文化街区遗产。

总之，中国大运河是解决中国南北社会和

自然资源不平衡的重要措施。它的建成和持续运行实现了南北资源和物产的大跨度调配，沟通了国家的政治中心与经济中心，促进了不同地域间的经济、文化交流，加强了中国南北方

江苏新沂市窑湾古镇

政治、军事、文化等方面的紧密联系，在国家统一、政权稳定、经济繁荣、文化交流和科技发展等方面发挥了不可替代的作用，对中国和世界历史都产生了巨大和深远的影响。

历经两千余年的持续发展与演变，中国大运河直到今天仍发挥着重要的交通、运输、行洪、灌溉、输水等作用，是大运河沿线地区不可缺少的重要交通运输方式。

第二章 大运河是怎样管理的

中国幅员辽阔，在广阔的国土上，分布着众多大大小小的河流湖泊，但它们分布得并不均匀，呈现出东南多、西北少的状态。并且由于中国地势西高东低，流淌在中国大地上的江河也大多为由西向东走向，“一江春水向东流”。

在皇帝的要求下，大运河要沟通北方的政治中心与南方长江下游的经济中心以利于漕运。但它流经的地方，在地理特征上是各不相同的，有的地形十分适合开凿并维持运河，有的则完全不适合。大运河要穿山越谷，沟通东西向的五大河流，创造出一条自南向北的河道，这条改变自然规律的人工大河是如何一路走好的？面对北方水源短缺、黄河泛滥等问题，千百年之前的中国人是如何运用他们的智慧，解决一系列的工程难题的？在一千多公里的大运河上，又有着哪些机构和设施来维护和保障它的贯通？在这一章里，我们将一一解答这些问题。

第一节　改变天然河道的技术

20世纪初年，因黄河泛滥和河段淤塞严重，大运河进入它生命中最暗淡的时期。为了解决华北地区严重的水灾问题，民国政府聘请了几位外国专家来考察中国水利问题，其中有一位荷兰水利专家方维因（VandeVeen）在观看了山东段运河上的南旺水脊分水工程——“引汶济运”工程后，评价道：“此种工程，当14、15世纪欧洲处于胚胎时代，必视为绝大之事业，彼古人之综其事，主其谋而如许善之结果者，今我后人见之，焉得不敬而且崇耶。”

荷兰也是一个以运河闻名的国度，早在17世纪，便开始开凿运河以沟通国内的交通。能引起荷兰水利专家发出如此赞叹，实不简单。而山东运河也是元明清时期京杭大运河最为关键而艰难的一段。山东段运河路线，不是笔直的，而是曲曲折折的，当中穿过山、穿过谷，还穿过许多河流与湖泊，遭遇不同的水流的冲击。如何在这种不利的水源条件下维持航运，这是中国运河与欧洲运河的不同之处，也是考察运河设计者智慧的地方。

南旺镇是京杭大运河全程地势最高处，是当时山东境内南北运河的分水岭。据现在测量，南北地势高差在三十至五十米之间。“水往低处流”，要让天然河道的水顺利流过南旺镇南下，是一个不可能的任务。根据另一位曾在这段运河上旅行的游客的记录：“在到达这个地方（南旺镇）之前，你一直是逆流而行，但当你一到达这儿，你就顺流而行了，只用桨划就行了。这怎么可能呢？一艘船横躺在运河中央，船头朝向西南的一侧，船尾却向东。而河水一边流向西北，另一边流向南。”这个神奇的水利工程便是完成于15世纪的南旺分水工程。

南旺分水工程通过修坝、建堤、设闸以达到蓄水、引水、分流的目的，完成了这个外人看来谜一般的任务。更让人惊异的是：这个杰出工程的设计者是一名从未受过水利知识教育的当地夫役，显示出中国平民的智慧。

这名设计者叫白英（1363—1419），当时

白英

南旺分水枢纽布置图

是负责看管京杭大运河南旺段水利设施的一名小管理员。明成祖朱棣迁都北京，十分关注京杭大运河的通畅，命工部尚书宋礼至山东负责疏浚运河。宋礼来到山东南旺镇，便为此处地势高低悬殊、缺乏引河水源等难题而困扰。白英虽未受过水利知识的教育，但他通过自己多年来的亲身考察走访，对当地的地形水势了如指掌，向困境中的宋礼献上治水之策，即通过建筑水坝，从附近可引用的汶水、泗水上游高处调水，在南旺处分流，三分往南、七分往北。水引入运河后节节设闸，控制水量，以保持航行水位。这个治河思路被称为“白英策”，得到宋礼的赞赏，成为南旺分水工程的指导总原则。

南旺分水工程分为修水坝（戴村坝）调节附近的汶河河水，挖引山泉，修建水柜和水闸控制水量等一系列工程，历时九年始成。其中的重要工程戴村坝，主体坝长达四百七十三米，屹立百年而不倒，设计巧妙，施工坚固。戴村坝的坝体设计的巧妙之处在于它建有三段不同的高度，南面最低，北面比南面高出零点一米，中间高出零点三米，通过三段坝体分级漫水，无论水位如何变化，始终保证了进入运河的合适水量。每当夏季汛期来临，汶河通过的洪峰流量可以达到每秒一千零五十立方米，但经过戴村坝的洪水不会冲入运河破坏河道，而是流回汶河故道。水坝底部用梅花桩做基，夯实三合土后再镶砌百万斤的巨大条石。石头与石头之间用铁扣相连，勾缝剂使用的是白英建议的具有中国特色的糯米浆和石灰、桐油。这几种物质混合搅拌后凝固成型，作用类似于现代的水泥。桐油可以增加凝固后的黏合度与韧性，而石灰在糯米浆的帮助下具有极大的抗压强度，凝固后的坚硬程度可比花岗岩。这种中国发明的特色混凝土技术被广泛应用于运河

戴村坝

上的堤坝、石桥等水利工程的修建，十分牢固。南旺分水工程完工后，在南旺镇分水岭处建起了一座龙王庙，以纪念这一伟大工程。

清朝末年，运河停运，南旺分水系统也逐渐停止了运转。今天仍然矗立在汶河上的戴村坝虽然已不需要向运河输送水源了，但仍然发挥着重要的排水功能。

在整个京杭大运河的千里河道上，所创造的中国古代水利工程的奇迹还有很多很多，如它一路上设置了大量的闸、坝、堰、堤防、水柜等用来引水、蓄水、排水。其中10世纪建于淮安附近的复式船闸，是世界上最早的两个闸门的通航船闸：如它在江苏淮安附近造就了16世纪时世界上最大的人工湖——洪泽湖；如它使用了世界上最早的斜面升船机，解决水位落差问题，利用人力或者畜力，帮助船只由一条运河进入另一条运河。而这些都是在工业化之前，没有任何机械的帮助下完成的。

第二节　“水上高速公路”的通航

有西方学者将运河比作皇帝手中的一条

“龙缰”，将桀骜的江水龙王收归己用。运河改变了江河湖泊的自然流向，创造了一条南北流向的人工大河。但由于水文的天然变化、潮涨潮落、旱季涝季，大运河从来都不是一个稳定、持续不断的体系，它的状况每时每刻，从这段到那段，都在发生变化。而每年航行在运河上的船只数以万计。中国人制造了堤坝、水闸、水柜等水利工程以从技术上固定河道，也设置了严格的衙署机构来管理运河及运河上航行的船只，保证这条“水上高速公路”的顺利通航。

17世纪的明代，有一位意大利传教士利玛窦，为了他的传教事业，曾从南京乘船由运河北上进京，一路上经过无数个关卡，也与无数人打过交道。在他的眼中，大运河是一条没有惊涛骇浪、激流险滩，只有一座座繁华都市的河，是一条遍布船闸、管理船闸的官吏、管理税收的税吏和无数个夫役的河，是一条需要与形形色色的人进行周旋的河，是一条人际关系渗透到每一个河段、每一道波纹、每一朵浪花里的河。在大运河上的航行，见识的不光是平静的水面、鳞次栉比的船只、繁华的都市，还有无处不在的管理人员。利玛窦遭遇的，便是明代时整条运河上庞大而繁杂的管理机构。

自有运河以来，就有了针对运河的管理机构，随着运河路线的延伸、发达，管理机构也日益完善、细化。至明朝时期运河管理机构庞大，规章制度严格，三千多里的大运河上分布了数以万计的大大小小的官员和多如牛毛的夫役。这些官员与夫役分属于两个部门，一个是河道管理部门，管理范围包括水源管理、河道整治疏浚、水量调节、堤防维修、闸坝管理和日常维护等，以保持运道畅通；另一个是运输管理部门，管理范围包括运输组织、船只和人员管理等，主要是针对漕运，以维护运河上行驶船只的运输秩序。

以明代的运河管理制度为例，最高机构是漕运总兵官与总理河道，从长江北岸起分三段管理，各段设都水分司。在重要的工程枢纽段也设分司，在险工段设主事。沿运河各级州县地方政府也设有主管河道的管河通判、同知等。分段管理还有武职系统，负责河道疏浚、河道巡逻和沿河捕盗防火。直接从事河道管理的夫役分为管理水闸的闸夫、管理堤坝的坝夫、维护堤防的浅夫、维护水塘的塘夫等，光

总督漕运部院

是国家额定的夫役数量便达到四万多人。

为何有如此之多的官员和夫役呢？一是因为大运河沿途经过的州县多，每个部门都相应设有从中央到各级地方政府认命委派的层层官员。此外，各省的最高长官以及皇帝派出的特使也常常来巡视运河。二是因为运河归根到底是一条违背自然规律的人工开凿的河流，在没有现代机械的帮助下，它需要庞大的人力物力去维持它的运行。

大运河的花销是巨大的。明朝政府在运河河道的维护上每年花费高达一千万两的白银，占到整个国家年财政收入的七分之一。为了维持航道的畅通所雇用的大量河工，他们的食粮又是一笔庞大的支出。1776年（清乾隆四十一年），光山东省境内就有河工三千二百一十二名，他们的食粮花费了朝廷三万八千多两白银。这个时候，整个运河沿岸河工的数量常年多达四万七千人。运河一方面耗费了国家大量的财政收入，一方面又给国家带来大量的物资和财富。运河沿线设有七个大型钞关，向过往商船征收船税。据1840年清政府财政收入的统计，户部从全国征收的定额税银中有近三分之一来自运河上往来的商船。

临清运河钞关

第三章 大运河串起的繁荣

运河的开凿，是出自统治者政治和军事的目的，用以运输，集合了巨大的人力、物力与财力，但它对于中国的意义，不是一项静止的大型水利工程。大运河是富有生命力的，它在神州大地上鲜活地流动着，走进成千上万中国人的生活，赋予世俗的生活情调。它为中国人提供了商贸通道、舟楫之利、灌溉之源，还有食物、饮料等生活的必需品。因为在运河里可以轻易地捕捉到鱼、蟹、虾等肉食品，也可以得到丰富的蔬菜。运河串起了数十座繁华的中国城市，串起了数亿中国人的生活，也串起了数千年的中华文明。

第一节 大运河上的繁华城市

伴随着运河的开凿，沿岸码头、堰闸、堤坝等水运设施的兴建，便利的水陆交通网形成，为运河沿岸城市的形成提供了必要的交通运输条件；而随之而来的漕运的兴起、商贸的往来，则为城市的繁荣提供了必要的人口和经济基础。中国历代修建的运河都是从都城向外延伸，构建出一条沟通政治中心与经济中心的通道。从元代开始，在中国三十多处重要的经济都会中，处于京杭大运河侧畔的就占了近二分之一，如北京、临清、济宁、淮安、扬州、镇江、苏州、杭州等，就像点缀在运河带上的一颗颗明珠。这些都会之所以能够成为全国著名的商业城市和货物集散地，都与大运河密切相关。它们中有的因运河而生、因运河而盛，也有的因运河而衰，大运河营造了城市的发展史。

1. 北京：一座浮来的城市

故宫，是每一个到北京的游客首选的旅游名胜景区。这座占地达四十万平方米的宫殿，反映了中国曾经至高无上的封建皇权。故宫脚

故宫宫殿

下的广场是一个厚达十五层的青砖堆砌层，整个皇宫的青砖数量高达一亿块，所耗费的砖瓦和木材量是惊人的，而这些建筑材料来自全国各地，通过大运河源源不断地运往北京。

北京是当代中国的首都，也是一座有着三千多年建城历史、八百多年都城史的中国名城，是大运河的起点。中国历史上，北方的游牧民族常常因为粮食的不足而侵犯南方的农业地带，地处中国东北平原的东北边缘的北京，就在农牧的分界线上，是中国北方的军事重镇。自1271年元代忽必烈汗统一中国，将北京作为中华大一统帝国的都城之后，北京就确立了它长期作为中国的政治文化中心的地位。元代之后的明代、清代，选择北京为都城，不是因为它的经济发达、资源丰富，而是因为它在应对北方游牧民族的入侵时，战略位置重要，进可以攻、退可以守。而经济不甚发达的北京能够满足中央王朝的庞大需求，成为中国数百年的政治文化中心，离不开大运河的作用。

中国以秦岭－淮河为地理分界线，秦岭－淮河以北，降水量逐渐减少，因此北方的农田，向来是旱作，多种植五谷杂粮，产量不高，而且北方历经战乱，经济遭到很大影响；从唐代起，南方经济的发展逐渐赶上北方，成为中国的经济中心。北京作为都城，从地理位置和山川名胜来看，是理想的，但从经济基础来看，北京的实力比不上南方的南京城、苏州城、杭州城等。元代忽必烈汗将隋唐大运河拉直，改线为京杭大运河，明代皇帝朱棣疏浚京杭大运河，都是意在弥补北京作为首都经济实力的不足，将南方的漕粮、物资、财富源源不断输入至京师，满足宫廷皇族、官僚集团、大批驻军及京城居民的消费需求。而京杭大运河建成开通后，为元、明、清以来的北京城运来了大批物资，促成了北京城内市集的繁荣以及大型建筑工程的完工。

元代时南方来的船只可以通过大运河直抵北京城内，这是由于元世祖忽必烈汗命当时主管水利的大臣郭守敬，开凿了从通州至北京的运河段。这段运道被忽必烈亲自赐名“通惠”二字，显示出运河对北京城市发展繁荣的重要作用。1292 年，郭守敬通过对北京地形和水资源的仔细勘察后，提出可引昌平白浮泉水开通运河，这项水利工程为北京运河段提供了新的水源。在工程竣工之际，北京城内的什刹海、北海、太平湖（今已消失）连成一线，烟波浩瀚，积水潭成为新的漕运码头——元代漕粮运输的终点码头。这段运河一直通航至元末（约 1343 年）。据史料记载，就在运河开通后的第二年秋天，北京城里一下子就换了气氛，一时之间，积水潭内桅杆林立，满载着江南稻米、木材、陶器和各郡的绫罗绸缎的漕船头尾相衔、鱼贯而入，繁荣了北京的市集，热闹了全北京。这是今天我们站在北京城的积水潭地铁站前，看到只能停泊两三艘游船的积水潭所难以想象的。

通过大运河运来北京城的不只是粮食、绸缎、衣物、瓷器等其他一些物资，更重要的是北京宫殿城池的建设和皇家陵寝、园林、坛庙等的建造所需用的木材与砖瓦等。今天我们在北京看到的华丽的故宫、雄伟的长城、肃穆的十三陵……这些叹为观止的大型土木建筑，建造它们所需要的大量的砖瓦、巨大的木材，都来自于运河南端的山东、浙江、江苏诸省以及南方四川、湖广、江西各省，它们通过大运河曲曲折折地航行，跨越南北，历经艰难，来到北京，而且那些建造北京宫殿和陵寝的著名工匠，也多来自大运河的南部或南端。正因如此，才会诞生“北京城是从大运河上浮来的”说法，因为北京并不生产什么，明清建设北京城所用的大木、大砖等物料，在北京生活所需的蔬菜、水果、鱼、米、酒、丝绸等都是通过大运河运来的。大运河及漕运成为元、明、清三朝时期北京城的生命线。

今天的北京，是中国的政治中心，同时也是经济中心、文化中心、金融中心……发达的铁路、公路、航空路线取代了古老的运河，继续为北京这座古老的都市输送新的力量。

2. 临清：繁华与落寞

大运河以北京为起点，经过天津南下，穿过河北，就到了山东境内。地处山东省西北部的临清，在卫河与运河的交汇处，与河北省隔河相望，是京杭大运河上的重要枢纽城市。临清至15世纪随着京杭大运河的顺利通航才正式建城，到18世纪已发展成中国最大的商埠，时人如此描述临清："汶卫交渠，千樯云集。关察五方之客，闸通七省之漕，固南北之咽喉，近畿之锁钥也。"可见它地理位置之重要。清代乾隆皇帝南巡江南，在这里写的诗中，曾有"临清傍运河，富庶甲齐郡"之句，可见它的经济

贡砖烧造基地

临清运河

盛况。明清两代，临清是皇家钦定的贡砖烧造基地，供应了整个北京皇宫的青砖需求。临清的繁荣由京杭大运河带来，它的衰落也因大运河在山东段的淤塞、漕运停止而生。到 1949 年前，临清已沦为山东最贫穷的地区之一，人口、城区面积都不可与最盛时相较。繁华逝去的临清城，只留下依稀古迹，让今人追思不已。

现今临清市的几处名胜古迹都与运河有关。第一处便是舍利宝塔，它已经矗立在临清运河岸边达四百年之久，1793 年英国马戛尔尼使团沿运河南下杭州，路过临清时曾被这座宝塔吸引，猜测它是因纪念运河的完工所建，使团中的画师还将这座精致的宝塔描绘下来。从这幅

临清舍利塔今貌

油画看，宝塔建在运河畔的平地上，有九层之高，十分引人注目，旁边是几座中式房屋，运河上是连绵不断的帆船。塔的周围活动着各式各样的人群，有农民在河边捕鱼、孩童在平地上踢毽子，还有放风筝的、围坐聊天的，热闹非凡。舍利宝塔建成于1611年，但并非为“舍利子”所建，而是为风水而建。运河岸边平地建塔，是为了镇守迁来的观音大士像，达到“扼塞两河水口，弘开万里天关”的目的。整座塔高六十一米，九级八面，每面长四点九米，底座为巨型条石所砌，底面积为一百八十六平方米，整体为砖木结构。门楣上镌刻“舍利宝塔”四字。可从底部进入塔室，各层辟有转角形石质梯道，可迂回逐层登至顶层。整座宝塔设计精巧，见证了数百年来临清城的兴衰，历经明、清、民国而未毁。

鳌头矶是临清的另一处名胜。它建于1417年，为临清市内元代运河与明代运河交汇处的一座石坝，因其形状如鳌头、两边闸门如鳌足而起名鳌头矶，又有独占鳌头之意。在鳌头矶不远处又建有一个尼姑庵，与鳌头矶一起构成运河临清段的标志性建筑。由于鳌头矶地处高处，常有文人登高赋诗，其中有首诗这样写道：

临清鳌头矶遗存

“十里人家两岸分，层楼高栋入青云。官船贾舶纷纷过，击鼓鸣锣处处闻。”可见当时临清作为商埠的繁华景象。如今的鳌头矶被辟为临清市博物馆，里面的古砖陈列室收集了明代至清代临清烧制的青砖。明、清两代时，地处运河之畔的临清是中国的制砖中心，每年派造白城砖一百万块、斧刃砖四十万块。最为鼎盛时，砖窑数量达到上万座，绵延运河两岸三十公里。北京皇宫各大殿和紫禁城墙用砖，以及明代修建的北京十三陵和清代修建的东陵、西陵等皇帝陵寝的用砖，绝大部分都是来自于临清。由于为皇权服务，临清砖制作工艺严格。据《临清县志》记载，临清砖出窑后，要经过严格的检查，达到“敲之有声，断之无孔”的标准方为合格。然后用黄表纸包装封签，借运河之利送至京城。每一块砖头上都印有制砖者的名字，监督制作生产过程者的名字，也烧制在砖上，实行严格的责任制。

在鳌头矶南三百米处的大运河西岸，是临清运河钞关。它始建于1429年，是明清两代中央政府设于运河上管理漕运税收的直属机构，每年所收税银居全国八大钞关之首，至今已有五百多年的历史，也是中国仅存的唯一一处运河钞关旧址。从 15 世纪开始，随着京杭大运河在山东段的疏通工程完工，临清成为大运河上重要的港口城市，南北往来的漕船、商船都在这里的码头装卸漕粮和货物，商业往来繁忙，于是政府在此设立收税机构，临清钞关的任务是征收船税，即根据船体的大小长宽和航程的远近分等级收税，兼收货税。钞关最盛时覆盖方圆好几里，随着漕运的停止而渐渐废弃，现存有钞关仪门、南北穿厅、公堂、巡拦房、船料房、官属合房等八十余间古建筑，院内存有在附近发现的明代和清代的一些碑刻。

3. 淮安、扬州：深刻的运河足迹

淮安与扬州，是京杭大运河江苏段的两座港口城市，两者都位于长江和淮河交汇处附近，只是扬州更靠近南面的长江一些，它们都因大运河而变得极其重要，有着悠久的运河开凿历史，在明清时又承担起盐业贸易、漕粮运输和关税征收的行政功能。运河给它们带来了巨大的财富，造就了这两座城市在 18 世纪的辉煌，之后又随着大运河的衰落而黯淡，有着相似的

历史命运。

（1）淮安：漕运兴衰的见证者

如果说每个城市都有自己的象征性标志的话，淮安的标志便是镇淮楼。这是一座古朴的楼阁，始建于北宋年间，清代时改名为镇淮楼，取“震慑淮河”之意，从中可看出淮河这条河流的可怕之处。淮河是位于长江和黄河之间的一条大河，历史上以难以治理出名，造成水患不断。位于京杭大运河中部的淮安，正好在黄河、淮河、运河的交汇处，因此成为明清时期治理运河和漕运物资的关键枢纽。明、清两代的管理漕政的最高机构漕运总督和管理河道的最高机构河道总督都设在淮安，这使得淮安成

镇淮楼

为主管河务的“运河之都”；这里还建有全国最大的钞关——淮安榷关。1905年漕运正式废止后，淮安也因此失去了昔日的光辉。

在淮安市的南面，有一个两千多平方公里的大湖——洪泽湖。这个大湖，便是在治理淮安段运河的过程中产生的人工湖。由于黄河含泥沙多、水位高，常常冲击淮河、运河的水道，明代采用“束水攻沙”的办法，不断加高、加厚、加宽原有的高家堰（今日的洪泽湖大堤），汇集淮河水，蓄起洪泽湖水来控制黄河的水位，使得洪泽湖成为当时世界上最大的人工湖。如今，洪泽湖大堤仍然守护在洪泽湖东岸边，大堤全长百余里，蜿蜒曲折共一百零八弯，有“水上

洪泽湖大堤

长城”之称。它的迎水坡上筑有直立式条石墙护面，称为“石工墙”。石工墙使用千斤重的条石及糯米石灰浆砌筑，共用条石六万多块，且规格统一，筑工精细，石工墙上还分段刻有图案和铭文。图案为半浮雕式的麒麟、仙鹤、灵芝、银锭、宝葫芦、庙宇等，代表吉祥含义；铭文则主要记载承修人的姓名、时间、长度等，堪称是一件伟大的艺术品。今人漫步在石堤上，很难想象几百年前的中国工人在没有机械的帮助下，是如何采集到这么多的一样巨大的条石的，又是怎么运到此处的，这也是个洪泽湖之谜吧。

洪泽湖大堤给淮安段运河带来了安全的保

淮安漕运博物馆

障，也使得漕运能够顺利畅通数百年之久，这造就了淮安作为运河之都的繁华。明清时的淮安，漕运总督府设在淮安城内，各路漕船到淮安后一律停泊于城西运河上接受盘查。如果说淮安是南北交通的枢纽的话，城西运河的下头小镇——河下镇则是枢纽中的枢纽。这里是大运河的鼻祖——邗沟的北起点，河下镇曾由于漕运而走向兴旺，又由于漕运而提前步入衰衰，这倒使它到今天还一直保留着明清时候的遗韵。

走进河下镇，镇上的街道都是用厚大的长石板铺砌，淮安附近并不产石板，这些石板来自全国各地，是由回来时空着的盐船运来的。船去的时候载盐，回来时捎带石板压船，卸于河下，有钱的盐商便购来铺路。石板路的中间细看有一道明显的深沟，据说是因为以前的两淮盐商常常雇人用独轮车运盐到运河边，长年累月下来便轧出了石沟。

明清时期盐运和漕运的发达，造就了河下镇的繁华。这里曾是个不夜城，店铺营业，通宵达旦，每条街巷都是行业不同的商业街，分工井然。迄今犹存估衣街、花巷街、菜巷街、干鱼街等。这里曾是全国各地商人的会聚地，建起了许多会馆，如新安会馆、福建会馆等。这里曾建有大量豪华的庭园，有的保存至今。这里不仅商业繁荣，文化亦十分鼎盛，小小的河下镇在明清两代诞生过五十几位进士，有“进士之乡”之称。中国古代四大小说《西游记》的作者吴承恩故居就在今天的河下镇。这里的繁华，曾吸引乾隆皇帝南巡时也到此一游过。如今的河下镇，是淮安历史文化名城的核心保护区之一，依然水波荡漾，行人如织。只是带给它今日繁荣的不再是南北漕商、盐商，而是中外游客。

（2）扬州：富庶天下第一

意大利旅行家马可·波罗（Marco Polo，1254—1324）曾在他的游记中称，自己曾经在忽必烈大汗时期做过三年的扬州总督。从马可·波罗的游记中可知，在6—9世纪的隋唐时期以及16—19世纪的清代，扬州是一座被运河所包围的，可以代表中国形象的最富有、最美丽且具有影响力的城市。

扬州位于江苏省中部，是一个内陆城市。它位于长江、淮河之间，是隋唐大运河和京杭大运河的必经之点。在19世纪中叶以前，它是中国重要的交通枢纽，可南下北上至中国各省。1793 年，英国马戛尔尼使团沿着大运河顺流而下时，在扬州停泊时看到至少有上千艘各式各样的船只。

扬州作为一座城市的起源，可追溯至公元前 486 年，吴王夫差为军事战争在它附近开凿了邗沟，并筑起了邗城。此后到公元 581 年的隋朝，隋炀帝杨广在他还是个皇子时曾任扬州总督九年，他一即位后便开凿了连接东都洛阳与扬州的运河。隋代大运河带来的便利的水路交通继续造就了扬州在唐朝时候的繁荣。

隋唐时的中国，经济重心开始南移至江南。南北大运河的开通，使扬州成为全国最重要的水陆交通中心，南北商人和物资多在这里集散。当时扬州的盐商和珠宝商、米商、茶商的交易量是惊人的，动辄千万。随着对外贸易的扩展，从南海路经广州而来的波斯、大食（阿拉伯）各国商人及新罗（朝鲜）、日本等国人士也多聚集在扬州，使之繁荣富庶、人物荟萃。

扬州不仅是一座商业城市，也是一座手工业城市。马可·波罗记载：扬州制造骑兵装备的工匠与作坊很多，不仅如此，扬州因集中了富商大贾，它的铜器业、丝织品业、木器业、海味业、药材业等都很有名。繁华的扬州也是文人名士汇集之地，唐时著名诗人李白、孟浩然、刘长卿、白居易、刘禹锡、杜牧等都来过这里，留下许多描绘扬州的诗章，如杜牧的诗篇《遣怀》:“落魄江湖载酒行，楚腰纤细掌中轻。十年一觉扬州梦，赢得青楼薄幸名。”反映出商业繁荣的扬州也是一座消费城市，是可以享受人间佳肴和灯红酒绿生活的地方。

历史上，扬州曾屡遭兵灾，但由于它的交通枢纽位置，之后又迅速恢复。到明清之时，扬州因盐业和漕运的勃兴而再次兴盛起来，成为东南一大都会。扬州的园林、菜肴、糕点闻名天下，城内青楼、浴池、茶社、剧苑等生活消费场所应有尽有。清代皇帝康熙、乾隆各六次南巡，都曾驻跸于此。

园林是一种假山和庭院建筑，扬州本地缺乏造园所需的木材和石头，它们都是借助船只，通过运河，从外地运来，成本高昂，也只有明清时候富甲天下的盐商才能做到。扬州的园林，全部是由盐商、徽商私人兴建，大多兴起于18世纪晚期，一一点缀在瘦西湖畔。在经济最为

瘦西湖

繁荣之时，扬州城市宅园遍布街巷，大到亭台楼阁，小至一花一木，园林风景，无处不在。时至今日，很多在扬州历史上曾经名噪一时的园林已消失在历史的尘埃中了。幸而，康雍乾时期的扬州界画家们曾为这些消失的园林写生，可从此一窥它们昔日的风貌。如王云（1653—1737）的《休园图》，描绘的是富商郑侠如的“休园”，全图共十二段，以树石、楼阁、庭院、人物、鸟禽为要素，栩栩如生地展现了园林景色。此图绘于1715年至1720年，历时四年零十个月始成。现存的扬州园林还有个园、何园、汪氏小筑等。

从19世纪开始，江北的盐业贸易和水利系

统都步入了一个危机阶段。在清代太平天国运动中扬州遭到攻击，并被太平军占领，战乱使扬州的经济和繁荣再次遭到毁灭性的打击，但这之后大运河的衰落，则直接影响了扬州经济的重振。

近代以来，随着中国交通系统的转变，快捷的铁路取代了慢悠悠的水路，成为南北客运、货运的首选，淮安、扬州这些作为运河港口城市的风华被上海这样的海港口岸城市所取代。与以往的繁盛相比，它们是衰落了，也许更确切地说，它们是变成了一个更加普通的城市。

4. 杭州：人间天堂

杭州是京杭大运河最南端的明珠，因其富庶、美丽而有“人间天堂”的美誉。

杭州位于中国东南沿海，浙江省北部，钱塘江下游北岸。钱塘江、西湖、西溪、运河在城中交错，城内山水相依，湖城合璧，物产丰富，因而有“鱼米之乡”之誉。610 年前后，隋炀帝开通自江苏镇江至浙江杭州的江南运河，杭州由此成为隋代南北大运河的起讫点。此后运河的路线在不断调整，但杭州在大运河的位置

大运河杭州段

一直没有改变。它是大运河与钱塘江的汇合点，是南北方货物的转运点，承担着大运河南端货物集散中心的功能，运河哺育了杭州城的千年繁华。

因为江南运河至今仍然在通航中，所以我们今天也可以选择从水路进入杭州城，感受古运河的脉搏。13世纪时，意大利旅行家马可·波罗游历杭州时特意提到杭州城内的桥梁，他说："杭州城内有各种桥梁多达一万二千座。这些桥梁架在河道上，把众多街道连接起来，四通八达，整个城市简直就像是建在水上。"

桥多是杭州的地方特色，从13世纪到今天，杭州城虽不再是个以桥梁相接的城市，但不少古桥仍在，成为杭州水上的靓丽风景。其中著名的有拱宸桥与广济桥，两者都拥有数百年的历史。拱宸桥东西横跨大运河，是京杭大运河到杭州的终点标志，也是杭州古桥中最高、最长的石拱桥。“拱”为迎接之意，“宸”为帝王宫殿，桥名意为恭迎圣驾。它始建于 1631 年，中间几经兴废，1888 年重建至今。该桥全长九十八米、高十六米，桥面中段略窄，为三孔薄墩石拱桥，纵联分节并列砌筑。桥面呈柔和的弧线形，桥形巍峨高大，气魄雄伟。而建于 1498 年的广济桥则是京杭大运河上仅存的一座七孔石拱桥，它位于杭州市余杭区塘栖镇西北，南北向架于运河上，全长近八十米，上下共一百六十九级台阶，桥的石壁上还刻有许多桥联、诗词，一直留传至今。在运河兴盛之时，这些桥梁不仅起着沟通两岸的作用，也是商业贸易的热闹场所。这也是古桥大多设计得桥面宽阔、桥头桥边有宽敞的空间的原因，便于商贾摊贩在此售卖商品。

杭州的美丽来自它河湖交错、桥梁林立的风貌，而它的富有，则源自发达的工商业。在杭州诸多的手工业门类中，尤以丝织业闻名。

丝为蚕吐之丝，养蚕缫丝织绸是中国人独特的创造。丝绸有轻薄、合身、柔软、滑爽、透气，色彩绚丽、富有光泽的优点，是制衣的高级布料。中国丝织业发达，丝绸种类多，绣工巧，图案花纹精美，在世界上有“丝国”之称。而杭州所在的区域，就是中国丝织业最发达的地区之一。杭州的丝织业历史悠久，13 世纪时马可·波罗到访杭州，记录了杭州市民“多衣丝绸，盖行在（杭州）全境产丝甚饶，而商贾由他州输入之数尤难胜计”。到 16、17 世纪，杭州丝织业更加发达，据说光杭州城内的丝绸工匠就达到六千余名，周围地区从事丝绸业的工匠更是数不胜数。杭州生产的丝绸产品，除了作为贡品，通过大运河进献到北京宫廷外，也作为商品，通过大运河等水系，源源不断地远销到全国各地，甚至是海外各国。

第二节　大运河上的巨量物资

公元 742 年，正值中国唐朝时期，这一年都城长安城外的大湖上，聚集了数百艘载满货品的商船，吸引了众多百姓前往观看，也引得当朝天子亲自前往，热闹非凡。这场别开生面的商贸活动被称为中国历史上第一个物资博览会。

当时在方圆几十里的湖面上，停泊着两三百艘船舶。每艘船上悬挂一块木牌，标明来自郡县的名称。船上陈列的都是当地的物产和手工艺品。如来自扬州的船上陈列的是织锦、铜器和海味，镇江船上陈列的是绫缎，常州船上陈列的是各色丝织品，绍兴船上是铜器和绫罗绸缎，广州船上是玳瑁、珍珠、象牙和沉香，南昌船上是各类名瓷和茶具，安徽宣城船上是纸、笔等等。每条船上有人领唱当地民谣，有妇女百人合唱。这些船只鱼贯般沿运河驶入大湖，绵延数里，观者如堵。当朝天子唐玄宗亦亲自前往观看。这是中国历史上第一次物资博览会，南方各郡物产经由隋唐大运河驶入都城长安，显示出当时漕运运送货物种类之丰富。

漕运是中国独有的一种制度，意思是由水道运输粮米给京师，这也是隋朝以来历代中央统治者开凿运河的主要目的。京师是王朝的政治中心，居住着最高统治者皇帝、皇族、官吏，驻扎着庞大的军队，这些人不事生产，但对物资供应的要求却很高。要解决他们的需求，就必须从经济发达的地区运送物资入京。而水路运输，则是工业化之前最便捷、成本最低廉的交通方式。运河，源源不断地送来统治者们想要的东西，成为维持王朝统治的生命线。

运河上来来往往的货物，有南方各省市供给皇帝及宫廷吃、穿、住、用所需要的一切物资，其中数量最大的是粮食。隋朝以后，大运河上运送的漕粮数目是惊人的。唐朝最高一年达四百多万石，宋朝一年为七百万石；明清时为四百万石，相当于今天的二点四亿公斤。

今天我们在洛阳的隋唐大运河博物馆里，能看到一堆密封在玻璃器皿中的完全碳化的谷子。这些谷子，来自于一千多年前江南的苏州，山东的德州、沧州等地，通过隋唐大运河运至当时中国的都城洛阳。它们被存储在粮仓里，千年之后被考古人员所发掘。

进贡给宫廷的除了粮食之外，还有棉花、官盐、贡茶、布匹、绸缎纱罗等丝织品，精美的工艺品，作为建材的木料、砖瓦，铸造钱币所用的矿产等。就连南方产的新鲜蔬果以及海产品，也通过运河运输，这些保鲜期较短的食品都放置在藏有大量冰块的“鲜船”上，有优先通过船闸的权利。这些物资源源不断地通过大运河驶向京师，作为赋税，维持中央王朝的统治。而漕船船主、船工、水手利用漕船运载私货，一路售卖，在运河沿线进行贸易，待空船返回时再从北方采购物品转至南方售卖。运河带来了各类商品的流通，促进了民间经济的繁荣。

从 16 世纪开始，越来越多的异国客人来到中国，运河上承载的货物，除了中国本土的物产外，又增加了海外诸国的奇珍异品。有来自东南亚国家的珠宝、香料、药材，以及大象、犀牛、长颈鹿等珍稀动物；有来自西欧的自鸣钟、西琴、天体仪、地球仪等，来自日本的刀具和折扇，来自朝鲜的战马和布匹等。它们中有的是作为贡品进献给皇帝，有的是作为商品在中国市场上流通。

在公路、铁路遍布的今日中国，这条曾经承担国家经济动脉的大运河曾经一度星光暗淡，但历史赋予了它更加丰富和特别的意义。在仍然通航的江南运河沿岸还散落着大大小小的运粮船，只是，今天的中国农民已经不需要再向国家缴纳贡粮，而是国家向农民收购粮食。江

大运河现代航运

南运河流经的长江三角洲，是今天中国城市化程度最高的地区，繁忙的江南运河上，煤炭能源与建材取代了丝绸、布匹，成为运河上运送的新的最大宗的货物。仅仅京杭运河江苏段的年运输量就高达五亿吨，这相当于十四条京沪高速公路，或二十一条京沪铁路的满载运输量。

第三节　大运河上的各类人群

千里运河在中华大地上流淌着，点缀在运河上的，是各个明珠般的都市，是七彩斑斓的货物，也是形形色色的人群。它不是一个静止的建筑物，而是富于生活气息的。有人在为运河工作，有人在运河上生活，有人在运河上游览，构成了一幅幅生动活泼的运河群像图。

1. 雇工

运河是一条人工开凿的河流，因为它的工程浩大、路线漫长，在兴建之时，便需要大量的劳力，而建成之后的维护、运营，也需要大量的人工。正是这些在史书上没有留下名字的普通中国人，成就了这条让世人瞩目的大运河。

605—610 年，隋炀帝以极大的雄心魄力，在短短六年时间内完成南北大运河的工程，凭借的便是中国浩大的人力。据《隋书》卷三《炀帝纪》记载：大业元年三月，发河南诸郡男女百余万，开通济渠，又发淮南民十余万，开邗沟。大业四年，诏发河北诸郡男女百余万开永济渠。此后元代开通京杭大运河，仅仅开凿山东会通河一段，便征调民夫二百五十多万人；明代重开会通河，征调民夫十六点五万人，这些大型的工程背后都是数以百万计的劳工在支持。如孟姜女哭倒长城一般，在开凿大运河的过程中也产生了不少类似的悲惨故事。特别是隋朝开凿大运河时，因劳动强度高，传说因运河而死去的劳工，人数不下百万。

不光开凿运河需要大量的人力，运河开通之后的维护、疏浚，亦需要大批的工役。明朝时常额夫役有近五万人，按职能分工，有负责修堤坝的，有负责开闭水闸的，有负责拉船过堰坝的,有负责疏浚水源的。此外,还有搬运工、水手、纤夫、运脚工人、船工等劳动苦力，分散在运河各段各个港口城市，人数众多。

运河上的生活简单、清苦，常年生活、工作于运河上的船工和纤夫创造出了属于他们自己的“大运河号子”，一到漕运繁忙季节，万舟骈集，号子连天，此起彼伏，响彻全城，是运河上的一大文化景观。“号”者，大呼也，号召、召唤众人共同一致之意。号子是呼喊、呼唤之声，运河号子是用于协调和指挥行船的呼喊之声，有自己的一整套曲目，如起航前的“起帆号子”，平水时喊的“摇橹号子”，上水时喊的“拉纤号子”，船搁浅时喊的“推船号子”，卸货时喊的“出仓号子”、“上肩号子”、“搭跳扛粮号子”等，分类细致。运河号子一般都是即兴演唱，自由行腔，节奏速度都视具体活儿而定。由一人领唱，多人合唱，用词简单，押韵顺口，曲调激昂，富有节奏感，气势磅礴，意在提示船工摇橹的步骤，同时增加纤夫们的工作热情。

船夫们朴实有力的号子声给单调的运河航行增添了活力和动感。如 18 世纪在中国大运河上航行的英国马戛尔尼使团成员中的约翰·巴罗这样记述他听到的运河号子："在许多宁静的黄昏，当水上一片沉寂，我们高兴地听到全舰队响彻这种稍有不同的朴实歌声。……约翰逊博士称之为类似希腊大帆船划手的韵律，中国人合唱的主要目的在于把快乐和合拍结合在一起。不管声音多粗野，歌咏总减轻劳动。"

19 世纪中叶以后，漕运随着运河的淤塞而渐渐停止，对这些数以万计的沿岸水手、船工、纤夫的生活造成极大冲击。他们中的一大部分后来演化成一股社会黑势力，即清之漕帮、民国时期的青帮。

2. 船民

依靠运河水脉生活的人群，除了声势浩大的船工、水手、漕帮外，还有一批与船相依为命的船民。他们中有的以摇船运输为业，有的以养鱼、捕鱼为生，大多没有定居岸上的经济实力，而是以船为家，在水面上漂泊。江苏、浙江一带水网密集，大运河将纵横交错的河湖连接在一起，使得这一带的水域密集，聚集了一大批船民。船民的生活是艰辛的，中国旧时有句俗语："人生有三苦——撑船、打铁、磨豆腐。"将撑船列在"三苦"之首。船民的生活也是不同于岸上居民的，多变的水环境给他们带来了一套与众不同的生活习俗。

船民一般日出而作、日落而息，长年累月漂泊在水上、生活在船上，以船为家，因此他们的船也称为"连家船"，可以捕鱼、烧饭、睡觉，船上有他们的狗、猫，有的还养猪、鸭、鹅。船民在船头捕鱼、船舱睡觉、船尾烧饭，在运河河面上，常常可以见到夫妻两人，一人船头、一人船尾，一人撑篙、一人摇橹，夫唱妇随的画面。而船民的儿女长大之后，多数也和同样的船民成亲。在婚嫁那天，双方的船停靠在河的两岸，新娘戴凤冠、披红袄坐小船到对岸男家的船上。在男家船舱里，新人交拜天地和船头菩萨后，大家喝酒贺喜，热闹一番。第二天，两船各自驶往他方，新娘就成了男家船上的一员了。

船民用渔网捕鱼，也训练了一种特别的水鸟来为自己捕鱼，这就是鸬鹚。鸬鹚下巴处生有一个喉囊来放置它们捕获的鱼，船民巧妙地在鸬鹚颈脖上套上一个脖套，以使鸬鹚捕到鱼后吞不下去，只好眼睁睁看着它的主人把鱼拿走。待捕鱼结束后，主人会摘下鸬鹚的脖套，并把准备好的小鱼赏给它们吃。这种人鸟合作的捕鱼生活方式已经流传了千年，今天江苏窑湾至邳州的运河段上，生活在这里的船民因为鸬鹚每天能有五十多千克的捕鱼量。

水上生活要比岸上多了很多风险，有一首船歌这样唱道："小小捕鱼船，日夜海上转。吃吃雨淋饭，困困湿舱板。遇到大风浪，生命也难保。"在这样高风险的环境中，诞生了船民的偶像崇拜和强烈的禁忌心理。

船民拜的偶像叫船头菩萨，即"船老大"。船民将它供奉在船舱中，日夜烧香供奉，以保佑船只平安。除此之外在新船落水时要挑选黄道吉日，举行隆重的敬神仪式，祭水神"金龙四大王"，这些都是传说或历史上的治水英杰。敬神时在舱门上贴上大红"喜"字，并挂上红绸飘带。然后用三牲（猪头、鸡、鲤鱼）、香烛祭祀，祭祀时还要鸣放鞭炮，意在把船头菩萨请上船。

与沿海敬龙王、妈祖的海洋民俗不同的是：运河沿岸百姓祭祀的不再是这些自然神，他们崇拜的是“船老大”、“大王”这样的活河神，以为这些大王是可以降伏那些龙王等孽神的。

船民的禁忌很多，比如说吃鱼不许翻身，认为翻身会带来翻船；不许将筷架在碗上；不许打翻饭碗，打翻饭碗也寓意翻船等。渔船上通常很难见到铁链，而要用绳索，因为习俗认为铁链是阴间小鬼用来勾人魂魄的，用绳索较为吉利。在运河行船见到桥梁时也有讲究和忌讳，如看到狗很快地跑过桥，认为生意好；如果狗在桥上东张张、西望望，认为当天生意不好；看见农民挑粪桶晃荡着过桥，说明是空粪桶，认为捕不到鱼；看到正在造的桥，则不能说话；等等。

以船为家的船民，出于自我保护和水上运输的需要，往往会加入一些船帮组织。各地船帮每年都要举行一次恭迎行业神的出巡赛会。如在浙江嘉兴地区，北郊的莲泗荡是与大运河相通的一个湖泊，这里的刘王庙历来是大运河江南段水系船民、渔民的一个祭祀中心。每年清明、中秋、除夕三期庙会，这一带的船民、渔民数万人，纷纷驾船前去赶庙会，船只汇集荡面，不下数千艘，蔚为壮观，人称“网船会”。时至今日，流传于运河上的船帮习俗仍依稀可见，每年赶赴网船会的各地会社组织有六十多个，有的会社已有二三百年历史了。

今天依然通航的江南运河上，仍然有不少生活在运河上的船民，被称为“跑船人”。“跑船人”一年有三百天以上生活在船上，和他们的祖辈一样，在不同的季节、不同的土地上，为了生计而不停地迁徙，从木船、水泥船到现在的铁驳船。他们奔走在运河沿岸的各个码头，装货、卸货、等待、航行。他们的生活与祖辈相比，少了些古老的禁忌和习俗，但古老的运河和他们的关系依旧亲密。

3. 异域来的客人

自大运河在610年开通后，它就成了中国最重要的交通要道。在隋唐时期，在运河上往来的不仅是中国的皇亲贵族、达官贵人、大商贾、平民百姓，还有来自新罗、日本、阿拉伯帝国、波斯、天竺等国的王侯、使节和商旅。元代时将大运河的路线改直，变成京杭大运河。经过明代的疏浚，使之畅通，大运河成为中国水陆交通最快捷、最方便的线路。在运河上留下足迹的不仅有盐客商贾、文人墨士、赶考的举子、赶路的旅人，还有达官贵人、皇亲国戚、当朝天子，以及来自海外诸国的旅行家、传教士、外交使节和商团。这些来自异域的客人除了前文中提到的 13 世纪意大利旅行家马可·波罗、17 世纪的欧洲耶稣会传教士之外，还有许多许多。他们为何来到中国，又在运河上发生了怎样的故事呢？

鄂多立克（Odorico da Pordenone, 1265—1331）是一名意大利罗马天主教方济各会修士，他应罗马教皇尼古拉四世之诏，前往东方了解宗教活动情况。鄂多利克大约于 1318 年从意大利威尼斯出发，横跨欧亚大陆，抵达中国广州。随即沿海北上，经泉州、福州至杭州后，就选择了沿大运河到达元大都（北京）。鄂多利克的运河之行十分顺利，并上岸参观了运河上的几座重要城市，如浙江杭州、江苏扬州、山东济宁和临清等，调查了中国的宗教情况，也了解了中国的风土人情。鄂多立克在北京的天主教会居住了三年，约1330年离开中国，启程返回意大利。鄂多立克回国后口述其东游经历，口述的手稿和印刷版本都有很多，在欧洲广为流传。而他关于中国部分的叙述成为欧洲中世纪另一部伟大游记《东方闻见录》(*The Travels of Sir John Mandeville*)的创作来源，是西方人早期对中国印象的见证。

利玛窦(Matteo Ricci, 1552—1610)，来自意大利的一名耶稣会传教士，他于1583年被派往中国传教，从此一直居住在中国直至病逝。利玛窦到中国的主要任务是传教，他先后在中国各地如肇庆、韶关、南昌、南京建立起天主教驻地。后来为了更好地发展传教事业，他决定北上进京，觐见当时的万历皇帝，使天主教获得官方的合法传教地位。1598年和1600年，利玛窦先后进行了两次大运河之旅，在第二次，他终于成功见到万历皇帝，达成目的。继利玛窦之后，又有大批传教士前来中国传教，运河地区由于交通方便，成为基督教发展的重点地区。两次运河之旅使得利玛窦对中国京杭大运河有了更深层的观察和思考。他知道运河是一条为运送南方货物到北京而建造的人工河，运河上来往的船只数以万计，除去用于向皇帝进贡大米和谷物的漕船外，还有大量属于各级官吏和私人的商船。运河要面对黄河的威胁和堵船的危险，维持运河通航的费用是惊人的。利玛窦由此产生疑问：中国人为何不选择一条既近而花费又少的从海上到北京的路线呢？这是著名的“利玛窦问题”，利玛窦自己认为是因为中国人害怕海洋和海盗的心理根深蒂固。这个问题也引起了日后学界对海运和河运两种交通运输的方式的诸多讨论。但中国人维护运河，绝不仅仅是从经济角度上考虑问题，这其中包括了政治、社会、文化的众多缘故。如今，“利玛窦难题”已不是问题，沟通南北的运输在中国已经呈现出海运、铁路、公路多通道的方式。付出了巨大经济代价的大运河，也给中国留下了享用不尽的政治、经济、文化遗产。

在运河上畅游的外国人除了传教士之外，还有中国周边国家的使节和商团。1405 年，中国明朝皇帝曾经派出一支由二百多艘海船、二点七万多人组成的舰队远航西太平洋和印度洋，拜访了爪哇、苏门答腊、苏禄等三十多个国家，最远到达非洲东部、红海、麦加，史称“郑和下西洋”。郑和拜访之后，许多国家也都派出使者来到中国。其中，有一位苏禄国东王带着亲属、臣民数百人漂洋过海，亲自来到中国，沿着大运河北上。1417年，这位苏禄王在回国途中意外病逝于运河边的德州。明朝皇帝为苏禄王在德州北郊修建了一座陵墓，他的家人为了守陵，也在当地定居下来，传宗接代，直到今天。苏禄国东王墓如今是中国重点文物保护单位。

18世纪以后在中国大运河上旅行的还有英国马戛尔尼使团和阿美士德使团，他们分别于1793年和1816年到访中国。离京的路线都是从北京东城门搭白河船启程，先到通州，沿着运河南行至天津，一路南下，至山东临清，经扬州过长江，到达杭州。从杭州由水路、陆路经江西进入广东，从广州出海返回英国。一路经过北京、河北、山东、江苏、浙江各省市，穿过大半个中国的腹地。在旅行期间，使团记录下了他们亲身经历运河水闸的感受、一路上的所见所闻、运河边城市的风土人情，如在天津码头戏台上演出的中国戏剧、山东临清的水闸设计、苏州的精美石桥、黄河上船民祭祀河神的仪式等。画师画下了大量关于运河及其沿岸社会情形的油画，为今日我们了解 18 世纪的中国运河和社会留下了宝贵的史料。

第四章 大运河独特的价值

大运河是全世界唯一一个为确保粮食运输安全，以达到稳定政权、维持帝国统一目的，由国家投资开凿、国家管理的巨大运河工程体系。它是解决中国南北社会和自然资源不平衡的重要措施，实现了在广大国土范围内南北资源和物产的大跨度调配，沟通了国家的政治中心与经济中心，促进了不同地域间的经济、文化交流，在国家统一、政权稳定、经济繁荣、社会发展等方面发挥了不可替代的作用，产生了重要的影响。大运河也是一个不断适应社会和自然变化的动态性工程，是一条不断发展演进的运河。

大运河的开凿肇始于公元前 5 世纪的春秋时期，隋代完成第一次全线贯通，形成隋唐宋时期以洛阳为中心、沟通中国南北方的大运河。元代由于中国政治中心的迁移，将大运河改线为直接沟通北京与南方地区，形成元明清时期第二次大沟通。大运河历经两千余年的持续发展与演变，直到今天仍发挥着重要的交通与水利功能。

大运河地跨北京、天津、河北、山东、江苏、浙江、河南和安徽八个省级行政区，跨越三千多公里，沟通了海河、黄河、淮河、长江、钱塘江五大水系。

大运河在自隋贯通后长达一千四百余年的时间里，针对不同的自然、社会条件变迁，做出了有效的应对，开创了很多古代运河工程技术的先河，形成了在农业文明时代特有的运河工程范例。大运河以世所罕见的时间与空间尺度，展现了农业文明时期人工运河发展的悠久历史阶段，代表了工业革命前运河工程的杰出成就。

依托大运河持续运行的漕运这一独特的制度和体系，跨越多个朝代，运行了一千多年，维系着封建帝国的经济命脉，体现了以农业立国的集权国家独有的漕运文化传统，显示了水路运输对于国家和区域发展的强大影响力，见证了古代中国在政治、经济、社会等诸多方面的发展历程，在历史时空上刻下了深深的文明印记。

大运河是中国春秋战国以来“大一统”政治理想的印证，更加强了地区间、民族间的文化交流，推动了中国作为统一的多民族国家的形成。大运河促进了沿线城市聚落的形成与繁荣，与重要城市的形成与发展密切相关，并塑造了沿岸人民独特的生活方式，直至今天成为中国人民心目中的“母亲河”。

中国的大运河由于其广阔的时空跨度、巨大的成就、深远的影响而成为文明的摇篮。

历经两千余年的持续发展与演变，大运河

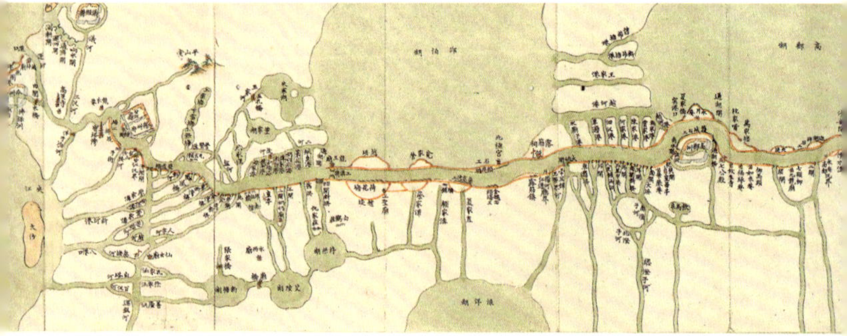

《运河图》（局部）

直到今天仍发挥着重要的交通、运输、行洪、灌溉、输水等作用，是大运河沿线地区不可缺少的重要交通运输方式。

第一节　大运河是代表人类创造精神的杰作

大运河是人类历史上超大规模水利工程的杰作。大运河以其世所罕见的时间与空间尺度，证明了人类的智慧、决心与勇气，是在农业文明技术体系之下难以想象的人类非凡创造力的杰出例证。

大运河创造性地将零散分布的、不同历史时期的区间运河连通为一条统一建设、维护、

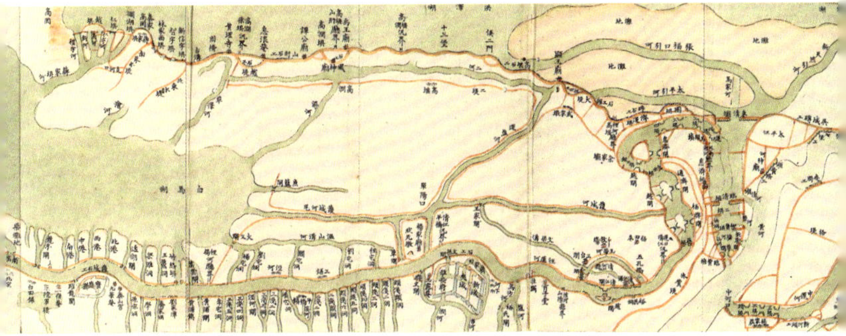

《运河图》（局部）

管理的人工河流，这是人类最伟大的设想之一。它跨越五大流域与浩瀚国土，克服巨大高差与复杂地形，穿越时空，今天仍生生不息。大运河的选线、定位、施工与维护在当时的历史时期和科技条件下，是难以想象的创举，它的历史功绩直至现在仍令人叹服不已。

公元前 5 世纪春秋末年，各诸侯国扩张疆域，创建区域级通航的人工水道，这成为大运河的肇始。自秦汉大一统的政治制度形成后，紧密联系南方地区的经济中心与北方地区的政治军事中心，保证南方的粮食等重要战略物资能够源源不断地运往帝国的首都，供给经济与军事需要，成为中央政府最核心而紧迫的任务。而由于内陆水运的安全、便捷、经济，开辟并维持一条跨越广大国土，联系政治军事中心与经济中心的内陆水运交通通道，就成为极具战略重要性的政治经济举措。

但是中国天然形成的江河水系大体都是从西往东汇入大海，直接利用自然河湖水系达到沟通南北的目的并不可能。加之地势西高东低，自西而东逐级下降，自北向南的地形、气候和水资源条件千差万别，极不均衡。这样的自然条件对于建设线路超长、联系南北方的人工水道工程是极其不利的。但是，隋代（7 世纪）、元代（13 世纪），却开创性地形成了纵贯国土的超长运河工程，是大运河历史上的两次大沟通。

7 世纪，隋朝政府建立了统一的中华帝国。为了沟通南方经济中心和北方政治中心，隋朝政府陆续将已有的自然水道和历史运河加以整治修葺，并新开凿了部分运河河段，完成了以洛阳为中心，向北到涿郡（今北京）、向南到余杭（今杭州）的水道交通线，并建立了统一进行运河维护和运输管理的漕运体系，在中国历史上第一次建成了从南方重要农业产区直达帝国政治中心和华北地区军事重镇的重要内陆水运交通动脉。这次天才的设想是大运河发展历程中的第一次大沟通，由此奠定的跨越广大国土的运河“Y”字形格局在唐宋时期一直发挥作用，沿用了六百多年。这成为大运河真正的开端。这次大沟通将早期区域级运河，演变为沟通海河、淮河、黄河、长江、钱塘江五大流域的“大”运河，跨越了不同的地理与气候区域，形成了长达约两千五百公里的连续水道，并且在短短六年时间里（605—611）完工，反映出古代中国高超的地形测量、水文勘察、规划设计、水工技术、工程组织、航运管理方面的科技水平，实现了世界上最早的大规模水资源时空调度，支撑了世界上时间最早、距离最长的内陆连续水运，体现了古代水利规划与水利工程的开创性成就。申报遗产从河道规模、堤岸材质、夯筑工艺、漕运仓储设施以及线路走向等方面真实而生动地展现出这一时期的伟大成就。

13 世纪，元朝完成对中国的统一并在大都（今北京）建立首都后，从南方经济中心供给北方政治中心的需求再一次成为统一帝国十分必要的政治经济举措。但已有的隋唐宋大运河通济渠已淤塞，需绕道永济渠部分段落迂回，十分不便。为此元朝政府组织修建了会通河、通惠河等运河河段，使北京至杭州之间形成了近似直线的水运线路，并继承唐宋时期的成就，向东一直通达东海，连续运河长度约两千公里。运河所经区域水资源条件差异之大、地形高差之大超过了任何时期，更由于黄河夺淮南行对运河的干扰使工程规模、工程难度史无前例，此间诞生了一批在世界水利工程史上具有开创性与典范意义的工程实例，如越岭运河——会通河工程，以及黄淮运交汇的运口工程——清口枢纽等。这次大运河历史上第二次大沟通奠定了直至今天仍在发挥重要作用的现代大运河的线路格局。申报遗产以丰富的遗产类型、全面的时空分布、完整的演进证据，展现出大运河第二次大沟通在水利规划、工程技术、城镇发展、文化传统等方面深远的影响力。自元代形成的直通南北的大运河的运输线路设置，结合陆上与海上丝绸之路，使欧亚大陆史无前例地紧密联系起来，在世界范围内产生了深远的影响。

第二节　大运河是世界水利工程史上的伟大成就

大运河是世界上开凿时间较早、延续时间最长、空间跨度最大且目前仍在使用的人工运河。它具有相对独立发展的工程技术体系，特有的自然环境与社会制度为大运河工程技术的创造发明提供了条件，因此产生出具有鲜明特点的工程类型与管理形态。其中以节制水量控制航道水深的复闸工程、解决运河高差问题的越岭运河会通河工程、解决水源问题的南旺分水枢纽工程为代表，体现了同一时期古代水利工程的最高成就。

位于江南运河段的长安闸建于 1068 年，由三座闸门和之间形成的两间闸室组成，是建于宋代的具有代表性的复闸式船闸。长安闸具有完善的工程设施，达到了引潮行运、蓄积潮水、水量循环利用的多重工程目的，具有保障程度较高的输水功能，是世界水利史上现存建筑年代最早的复闸实例，是这一时期中国水利技术领先世界的标志性工程。欧洲大约在三百年后才出现此类工程。

开凿于元明两代的会通河工程是 13 世纪前地形高差最大的越岭运河。会通河北起临清与南运河、卫河相接，南接黄河运口，是大运河全段的关键河段。它穿越大运河全线地势最高的一段——山东地垒，是地形高差最大的河段，南北端点与全段最高点南旺高差约三十多米。通过水源工程、节制闸群，成功实现了多条河流的水源调配和水道水深的控制。因会通河的开凿，构成了北京至杭州距离最短的南北走向的大运河。会通河的水道和水源工程规划，以及水资源调度管理，代表了在没有石化动力的水运时代，大运河杰出的技术成就。

位于大运河全段最高海拔处的南旺引水与分水工程是大运河会通河段最重要的水源工程，它通过疏汶集流、蓄水济运、泄涨保运、增闸节流等措施，科学地达到了引汶、分流、蓄水的目的，从而保证了大运河会通河段的畅通运行。始建于明初中期的南旺工程是世界运河工程史上较早的一座大型综合性水源工程，比欧洲早期运河建造史上最有影响力、为法国米迪运河提供水源的黑山引水与分水工程早了约二百年。它创造性地通过筑坝、引水、蓄水、分水等一系列互相配合的工程措施，利用地形地势等自然条件，完成对大运河水源流量与流向的定量控制，长期性解决了为大运河全线最高河段的供水问题，保障了大运河在之后三百余年的顺利通航，代表了大运河蕴含的卓越的地理测量、水利设计、施工等工程技术，是中国古人所具有的超凡创造力的见证，将中国运河的水利工程成就推向了历史顶峰。

大运河是世界运河史上的突出、独特范例，它展现了农业文明时期人工运河发展的悠久历史阶段和巨大的影响力，代表了工业革命前土木工程的杰出成就。

大运河是世界上延续使用时间最久、空间跨度最大的运河，被《国际运河古迹名录》列入作为世界上“具有重大科技价值的运河”，是世界运河工程史上的里程碑。

从大运河在7世纪初形成第一次大沟通迄今，除13世纪开凿会通河改变“Y”字形格局为直线型外，其余段落直至今日线路走向没有大改变，有些段落还在发挥重要的航运功能。大运河跨越了南北十个纬度，沟通海河、黄河、淮河、长江、钱塘江五大流域，是世界上延续使用时间最久、空间跨度最大的人工内陆水运通道。

大运河所解决的工程问题之复杂、投入的人力和物质之巨大，是世界任何地区运河难以比拟的。它解决了在严峻自然条件下修建长距离运河面临的地形高差、水源供给、水深控制、会淮穿黄、防洪减灾、系统管理等六大难题，保证了大运河的长期持续通航。围绕它的运用而开展的治水活动波澜壮阔，是人类文明史上的重要成就。它是人类农业文明技术体系之下最具复杂性、系统性、动态性、综合性的超大型水利工程。大运河从创始直至今天延续使用期间，一直在不断修建和更新，保持了技术的适应性与先进性。从两千多年前直到今天，几乎从来没有停止过修河，也从来没有停止过使用。水系在变，河道在变，水情在变，水工设施在变，治水理念在变，治水方略在变，管理机构在变，运行机制也在变。大运河是人与自然共同作用、持续演进的结果。大运河的作用随着社会的发展在不断增加，从最初的运输物资、运送南来北往的各色旅人，到输水、灌溉、防洪，一直都是中国大地上最重要的有生命的文化遗产。

大运河从 7 世纪形成第一次大沟通直至 19 世纪中期不断发展和完善，针对大运河开展的工程难以计数，几乎聚集了人工水道和水工程的规划、设计、建造技术在农业文明时期的全部发展成就。

作为农业文明时期的大型工程，大运河展现了随着土木工程技术的发展，人工控制程度得以逐步增强的历史进程。

从利用湖泊为运道，发展为完全避开天然

水系形成完全的人工河道（与天然河道平交的运口除外），风浪之险渐少，航行线路趋直。淮扬运河扬州段三堤两河的格局清晰展现了河湖关系的变迁历程。中河段则是运河摆脱借黄河河道行运、大运河全段实现人工控制的标志。

调控水量水深的工程措施不断发展更新，从基本的斗门、堰埭、单闸，到水柜、梯级船闸、复闸，调节水位差和维持航道水深的能力显著增强。长安闸的复闸工程、会通河的梯级船闸工程，是单体水深水量控制工程理念的逐步提升。而在南旺枢纽中，将吞吐水量的水柜、调节水柜与航道之间水深关系的斗门、分水口南北两端的单闸，统一协调运作，组成为将单体工程效能发挥到最大化的枢纽工程，实现对于水量的流向、流量的精确化控制。这是对水工设施效能认知与规划设计思想的一大进步。

1. 河道

有的段落利用天然河流改造而成，如南运河在自然河道的基础上增加了人工作弯，减小比降，使流速平缓，保障航运安全，起到了“以弯代闸”的功效。有的段落完全由人工挖筑而成，

台儿庄古城

如通惠河、会通河、中河。按照具体功能，又可分为用于通航的主航道和越河（如中河段的台儿庄越河），满足江南水网地区粮食征集需求的支线运河（如顿塘故道）以及用于水量调控的引河（如南旺枢纽的水源引河小汶河）和汛期泄洪保障运河安全的减河（如北运河筐儿港减河）。

2. 单体结构

依据《国际运河古迹名录》对单体结构的分类，大运河在船闸、升船斜堤、土方工程、水库、水坝、溢洪堰、泄水闸、桥梁、仓库工程类型方面都具有典型的代表性。这些工程及其遗址，主要以土、石、木、砖、竹等为材料，设计和工艺特征源远流长，可称之为农业文明时期水工程的百科全书。

土方工程遗址

3. 船闸

申报遗产包括了始建于11世纪的复闸实例——长安闸，始建于13世纪末的梯级船闸实例——位于会通河上的阿城上下闸与荆门上下闸，以及数项单闸实例——通惠河北京旧城段的澄清上闸、中闸（始建于13世纪末），位于南旺枢纽、用于调控运河水量的闸群柳林闸、十里闸、寺前铺闸（始建于15世纪末），位于湖中运道的利建闸（始建于16世纪），位于清口枢纽、用于调控里运河水位的清江大闸（始建于15世纪）。这些实例以丰富的类型与长久的时间跨度证明了大运河在船闸工程方面取得的成就，并共同体现出中国式“叠梁闸”的样

古代运河船闸遗存

式与技术特点。

在元代，建石闸的工程十分艰巨，建一座石闸往往需要几年的时间。有时工匠达五百人，一座闸需要三千多块大料石，用铁锭把料石锁成一体。在清代，对石闸有了官方统一的建设规范。

4. 升船斜面

"中国人很早就意识到，如果坡道的坡度适中，就有可能将运河中航行的平底船拖上斜坡，使之到达高水位。根据这样的原理，人们发明了并行滑船道，包括一组倾斜的石结构护墙，供船只在上面拖行。"升船斜面是管理较为简单、对水源要求不高的解决船只在不同高程的水道上行驶的方法。申报遗产中的长安镇拖船坝遗址（始建于14世纪），为典型的升船斜面。

5. 土方工程

由于土方工程所需人力资源巨大，且土体性质不好掌握，因此18世纪前欧美的运河工程并未使用大型土方工程。但在大运河的修建工程中，土方工程是最重要的工程手段之一。土方工程施工自战国时代就有规范的技术规定，主要有土壤含水量的掌握、施工工具的配置、施工季节的选择、夯筑的程度等，鉴于土方工程所需人力众多，在工程组织管理方面也有明确规定，甚至包括质保与惩罚措施等。在宋代，河防土工施工也曾有过专门的规范，《河防通议》中也有很多记载。

特殊的夯土工艺充分利用了土的特性，通过大量的人工夯筑，使土体成为坚固耐用的工程材料。中国古代的夯土技术非常发达，大运河上很多堤防、险工均为夯土筑成。

申报遗产的通济渠商丘南关段，发现的夯土驳岸高度达五米以上，直至现在仍然致密坚硬。商丘夏邑段河堤遗址，规模巨大，两侧河堤均为二十五至三十米宽，除采用夯土外，还密集使用了树桩对大堤土体进行加固，充分显示出隋唐宋时期对土体材料性质的掌握与夯筑技术的应用。

淮扬运河扬州段运河故道的夯土河堤，完好保存了历史形态，清晰展现了运河以土筑堤的方式渐渐从自然湖泊中分离，并与现代运河并行数百年的历史演进过程。清口枢纽的堤防体系缕堤、遥堤、格堤等全部由夯土建成，至今主要堤防的土体结构仍在地面上清晰可见，规模十分宏大。大运河上重要的水坝戴村坝与洪泽湖大堤，起初均为土质，后期改为土体外砌石的结构体系，工程规模巨大，也是古代大型土方工程的典型实例。位于南运河的夯土险工，是在运河弯道处为防止水流冲击，采用夯土的方式进行护岸工程，充分证明了夯土工艺的坚固性与科学性。

6. 水库

运河上的水库主要用于航运，也称为水柜，是古代调节运河供水的蓄水工程。通常采取筑坝拦水或在运河两岸洼地筑围堤蓄水的方式，设闸控制，运河缺水时放水入运，运河水大时放入水柜。特别是发生洪水时泄入水柜蓄存，待运河需水时回注。申报遗产中的什刹海就是典型的运河水柜。

7. 水坝

戴村坝是南旺枢纽的组成部分，它用于拦蓄汶河水经引河（小汶河）供给运河使用。大坝分三部分——主石坝（始建于15世纪初）、太皇堤（1904）和三合土坝（1822）。主石坝又分三段，各段坝顶高度不同，坝身砌筑方法不同（两侧为砌筑，中间为堆筑），分级漫水，既保证了引河持续供水，又能排洪防溢。戴村坝规模宏大（总长度一千五百多米，主石坝四百四十三米），设计巧妙，石工砌筑精密，重达一至六吨以上的巨石，采用束腰扣榫结合法连接，非常坚固。三部分既各自独立，又相辅相成，互为利用、互为保护，形成了"三位一体"的独特布局，展现了水坝工程规划设计的巧妙构思，以及在运河运行期间（15世纪初至20世纪初）的演进历程。

洪泽湖大堤是明清两代治理黄淮运交汇枢纽——清口枢纽工程的关键工程。16世纪中后期开始在先前基础上大规模筑坝，使洪泽湖形成人工水库，之后在蓄清刷黄的理念指导下，洪泽湖大堤被不断加高加长加固，以抬高洪泽湖水位，并抵御风浪冲击，防止洪水溃决。自1680年到1751年的一百七十一年间，共持续筑堤七十点四公里，其中砌筑直立式条石挡浪墙长六十点一公里，高八至九米，底宽五十至一百五十米、顶宽十至三十米，蜿蜒曲折，所用石材为玄武岩条石，据测算共有六十万立方米之多，规模巨大，甚为壮观。当时洪泽湖大堤曾抵御的洪水水位高达十八米左右，湖面积达四千平方公里左右。洪泽湖大堤的坝工技术代表了当时高水平的水利规划和施工技术成就。

8. 溢洪堰

现存洪泽湖大堤的头坝是典型的溢洪堰，为了在洪水上涨时减轻大堤压力，大堤还设有数座溢洪堰，历史上曾一度达到数十座之多。现位于洪泽湖大堤上的头坝（信坝），是保存最为完好的溢流溢洪堰遗址之一。溢洪堰顶部平时被临时土坝覆盖，水位上涨时冲去土坝即可达到泄水功效。头坝的设计，运用了草土等临时性材料，以适应不同情况下的功能要求，体现出材料运用的巧妙，以及功能设置的系统性思考。

9. 泄水闸

泄水闸以宣泄淮扬运河洪水的刘堡闸（始建于 16 世纪后期）为代表。刘堡闸是明清时期淮扬运河沿线宣泄洪泽湖洪水的数个减水闸之一，当时淮河入海口为黄河所夺，只能通过淮扬运河的减水闸向东疏导入海。刘堡闸实证了明清时期泄水闸的形制、构造与规模，是保障运河顺利穿黄而建设的一系列水工设施的重要组成部分，体现了水利规划思想方面的系统性与综合性。

10. 桥梁

宝带桥、长虹桥、拱宸桥、广济桥、八字桥是大运河沿线众多桥梁中最典型的代表。它们体现了古代中国桥梁工程设计与施工的卓越水平。

苏州宝带桥是五十三孔薄墩联拱石桥，长度超过三百米，采用密集木桩处理桥墩基础，榫卯结构连接砌筑石块，适应了南方软土地基经常出现的沉陷、变形情况。宝带桥既是桥梁也是纤道，同时也可以宣泄来自太湖的水量，可以说具有复合功能。

长虹桥（嘉兴）、拱宸桥（杭州）、广济桥（杭州）均为高拱石桥，这些高拱石桥采用预应力的施工方式，使桥拱负载更大、变形更小。采用剪力墙结构以抵抗变形应力，采用榫卯构造而非黏合剂进行砌筑以适应微小变形的需要。拱券薄到非常大胆的程度，如拱宸桥拱石厚度只有三十厘米。三座桥梁中孔跨度都在十五米以上，通航净空大，利于大货运量的船只通航。

位于绍兴的八字桥为中国早期简支梁桥中的孤例。建造者根据特殊地形，结合周边环境，因地制宜，合理设计了跨越三河、沟通四路、状如“八”字的桥梁，巧妙地解决了复杂的水陆交通问题，是根据特殊地形、结合周边环境、因地制宜的合理设计。

11. 仓库

大运河沿线的隋代回洛仓、隋沿用至宋代的黎阳仓、唐代皇城中的含嘉仓仓窖，都是国家性漕运粮仓。回洛仓仓城保存完整，规模宏大，仓窖已探明数量达二百余个，仓城面积为二十二公顷；含嘉仓仓窖个体储量惊人（发现时尚遗存二十五万公斤粮食）；黎阳仓沿用时间由隋至宋达五个世纪，见证了由地下仓至地上库的粮食仓储方式的变化过程。仓城内的水道与码头遗迹，体现了运河水道可直达仓城内部进行漕粮装卸的历史场景。仓储设施展现了不同历史时期，在大运河关键节点设置的仓储设施体系规模和形制，实证了大运河作为国家漕运通道的主体功能，也展现出隋唐时期的粮仓建造与粮食保存技术。

回洛仓

黎阳仓遗址

杭州富义仓

12. 以软性材料为主的临时性工程

中国古代水利工程历史悠久，具有鲜明的个性特点，其中软性材料为主的临时性工程最为常用。软性材料主要指竹、草、秸秆、木等，临时性工程主要包括护岸、围堰、减水泄洪坝等。此类工程具有就地取材、施工方便、拆除容易、适应河床变形、防渗性能好等优点。代表性工程案例包括草土围堰（即以麦草、稻草和土料为主要材料构筑的临时性挡水施工围堰）、竹木笼堤坝（以都江堰为代表，即以竹篾或木构架编制笼，装入散石，形成大体积的构件，提高堤坝抗冲稳定性）等。目前在大运河上留存较好的主要是埽工遗存。

埽工在清口枢纽工程中有较多的应用。埽工具有显著的优点，它是水下工程，但是可以水上施工。它能在深水情况下(水深二十米上下)使用，可用来构筑大型险工和堵口截流，但又可以分段分坯施工；具有良好的柔韧性，便于适应水下复杂地形（尤其是软基）；在多沙河流上使用，便于泥沙充填进埽体，凝结坚实。但埽工也存在缺陷，主要是梢草、秸料和绳索等易于腐烂，需要经常修理更换，花费较多。古代生产力较低，石料加工不易，尤其缺乏水下胶结材料。埽工适应这一特定情况，在两三千年间一直是重要的水工构件。在现代小型防洪工程、引水工程以及施工围堪工程中仍有应用。清口枢纽经考古发掘发现的黄河堤防采用了埽工的护岸工程，其材料、工艺清晰可见，是中国古代埽工技术的典型例证。

大运河所在区域的自然地理状况异常复杂，开凿和工程建设中产生了众多因地制宜、因势利导的具有代表性的工程实践，并联结为一个技术整体，以其多样性、复杂性和系统性，体现了具有中国文明特点的工程技术体系，是农业文明时期大型工程的最高成就。

解决水源问题，有南旺枢纽工程。解决比降过大的问题，针对河道的不同条件，有会通河梯级船闸工程和南运河弯道工程。

解决泥沙问题，有在通济渠柳孜运河遗址所展现出的“木岸狭河”的处理方式，即采用将木桩密集排列打入河中的方法，使河床束窄、水深加大、水流加快，以改善航运状况，并起到将断面宽度缩窄后，冲刷河床、减轻淤积的作用。体现了在隋唐宋时期，古人就已认识到泥沙问题与河流流量、流速的关系。

元明清时期黄淮运交汇，情况更加复杂，为解决黄河在运口淤垫倒灌问题，规划建设了清口枢纽工程。规划层面采用“束水攻沙”、“蓄清刷黄”的理念，体现出对泥沙科学、全面、深刻的认识。清口枢纽以堤防体系建设为核心，一方面约束水流提高流速，用于冲刷河床积淤；另一方面筑堤防洪。后期则发展为“束水归槽”的理念，采用放淤固堤的方式，以泥沙的淤积形成束水河槽，体现了对泥沙科学更加深入的理解与把握。德国著名河工专家、河工模型试验创始人恩格斯教授（Hubert Engels，1854—1945）先后于1932年和1934年两次进行黄河下游动床模型试验，验证了三百五十年前潘季驯治黄理论的正确性。中国人16世纪对河流泥沙运动力学的掌握与实践，是重大的科学成就。在堤防体系建设过程中，就地取材，夯筑土堤，同时采用了应对泥沙非常有效的埽工护岸技术，使植物裹挟泥沙，更易加固进行防波护堤。从规划思想到工程实践，充分体现出因地制宜、因势利导等富有中国文明特征的工程技术特点。

第三节　大运河是中国文化传统的见证

有两条河流在中国的历史上一直得到历代统治者的高度重视，一条是黄河，一条是运河。由大运河承载的漕运，是中国古代最重要的经济制度之一，也是中央集权政权治理国家最重要的政治措施之一，对中国的政治、经济、社会、文化都产生了深远的影响。漕运是重大的国家事务，“今日之势，国依兵而立，兵以食为命，食以漕运为本”，“国之大事，惟兵与漕”，以致在清代，漕运的政治意义被提升到无以复加的程度，漕粮被称为“天庾正供”、“朝廷血脉”。

漕运是中国历史特有的一种现象，它是由

国家政府组织和管理，利用水路（河道或海路）调运专门物资（主要是粮食）到首都（或其他由国家政府指定的重要军事政治目的地）的专门运输体系。它有着严密的制度保障，并始终以高成本运行，体现出高度的政治性。漕运是集权政治和小农经济结合的产物，全国性统治中心的确立、中央到地方官僚体系的形成、庞大军事体系以及全国性社会秩序的建立，促使王朝必须建立一个有序的、有保障的、以粮食为主体的物资供应体系。然而，以农业立国的经济特性，使得统一的集权王朝在建立物资供应体系时，不得不面对广泛而分散的小农经济。这是漕运形成和发展的历史动因。

随着制度的完善和规模的扩大，漕运逐渐突破其早期以政治功能为主体的窠臼，发挥着越来越广泛的社会功能，成为维护王朝稳定和制衡社会的重要手段，消弭诸如重赋、灾祸以及物价波动等造成的社会不安定因素。同时漕运在促进南北文化交流和区域社会开发等方面也有着不可忽视的作用。从 7 世纪初隋朝政府建立纵贯中国南北的漕运体系以来，一直到 19 世纪漕运终止的一千多年的时间中，沟通中国政治中心与经济中心的大运河一直是漕运首要的运输通道，以至于在很长的时间里，大运河被称作“漕河”。中国历代政府通过修建维护运河河道、水工设施、运输储存设施，并制定与之配套的相应管理体系，保证了通过大运河进行持续、畅通的粮食、物资运输，实现全国资源的调配，保证了北方政治军事中心的供给。在这个过程中，漕运逐渐形成了超越时代、延续了一千多年的国家传统。

漕运是以农业立国的集权国家最为有效的政治与经济制度。它在广大的国土范围内进行资源的调度、控制和再分配，满足国家战略储备、应急救灾需求，调整社会结构，推动经济发展，维系了稳定的中央集权，是人类在农业文明时代重要的制度文明成果之一。

大运河见证了中国历史上已消逝的一个特殊的制度体系和文化传统——漕运的形成、发展、衰落的过程，以及由此产生的深远影响。

漕运是大运河修建和维护的动因，大运河是漕运的载体。大运河线路的改变明显地受到政治因素的牵动与影响，见证了随着中国政治中心和经济中心改变而带来的不同的漕运要求。

自 7 世纪至今的漫长时间里，对于无论是由汉民族还是少数民族为主要构成的中国政府，漕运都作为重大的国家事务受到历代政府的高度重视。与漕运相关的一切制度颁布、设施建设、人员配备、物资投入等都体现了高度的国家意志。专门、严密的漕运体系在国家行政体系中的级别非常高，充分体现了国家对漕运的高度重视。为了维持大运河的持续畅通、保障政治军事中心的长期稳定，中国历代政府均不遗余力地对大运河进行持续维护，耗费了巨大的财力、物力与人力，清代国家财政甚至有近百分之十至百分之二十的经费用于徐州以下治黄与防洪，以维系运河的运行，充分反映出大运河作为漕运首要运输通道的政治性意义。

隋唐宋“Y”字形大运河的格局，适应了当时以洛阳为中心，从南方重要农业产区直达中原地区政治中心和华北地区军事中心的政治经济需求。元明清大运河改为南北直达的“I”字形更是基于连接帝国政治中心北京与经济中心江南地区的最根本的漕运需求。

大运河线路随着政治中心的改变而进行不断调整，明显受到了政治和地缘因素的影响，证明了大运河的首要动因是沟通政治中心与经济中心的漕运需求。

大运河沿线现存的河道、水工设施、配套设施是漕运这一已消逝的文化传统的最有力见证。此外，与之相关的大量历史文献和出土文物进一步佐证了大运河与漕运的密切关系。

20 世纪初以来，漕运的传统已经淡出历史，但大运河现存的大量遗产，例如河道、水工遗存、码头、仓窖遗址、官署等，都是运行了一千多年的漕运制度的直接载体，见证了一个以农业立国的封建帝国的制度文明成果。申报的河道遗产见证了漕运线路的走向，各类水工设施的工艺、技术、规模、变迁体现出历朝历代政府对漕运的精心维护。申报的淮安总督漕运公署是漕运管理行政系统中最重要、具有代表性的遗产。申报遗产中的龙王庙行宫、天宁寺行宫等为清朝多位皇帝沿运河巡视和考察漕运设施的行宫和遗迹，见证了清代中央政府对大运河的维护和漕运运行与管理方面的重视，佐证了大运河与漕运的紧密关系。含嘉仓、回洛仓、黎阳仓等大型国家性质的漕运粮仓，规模与储量巨大，展现了当时国家对粮食运输与储备的

龙王庙

天宁寺

重视与依赖，证明了大运河在古代作为国家战略物资——粮食的交通大动脉的航运功能，是大运河作为漕运首要交通线的直接见证。

此外，还有大量的历史文献和出土文物，从另一方面证明了大运河在一千多年的时间内是漕运的主要通道，与漕运、漕运制度和漕运文化都存在着密切的联系。其中，含嘉仓遗址中出土的大量炭化的谷物和记有粮食来源的铭文砖，说明这处唐代的皇家粮仓中，储存了大量来自中国南方长江下游几个省区的粮食，进一步佐证了运河与漕运的密切关系。在中国历代的历史文献中，都有关于漕运运行和管理的详细记录，其中记载的历代漕运粮食的总量，反映了大运河漕运随着政治、经济背景不断变化而产生的波动。这些关于大运河运输情况的记录只是中国历代文献中关于大运河水工、运输方面记录的一小部分，这些详细的记录体现

含嘉仓160号仓窖遗址

了中国历代政府对漕运的重视和依赖，反映了大运河与漕运之间紧密的联系。

由于漕运的需求，深刻影响了都城与沿线工商业城市的形成与发展，围绕漕运而产生的商业贸易，促进了大运河沿线地区的兴起、发展与繁荣，也在大运河相关遗产中得到呈现。

隋唐时期的洛阳城、元大都的建设，是在国家意志下与运河的修建同期规划、同期实施的宏大工程，城市规划者将漕运的便利、皇室的需求与城市的景观统筹考虑，从而诞生了在世界城市规划史上具有典范意义的城市，并通过漕运带来的经济繁荣，使之成为人口超过百万的大都会。

大运河沿线的众多城镇，由于受漕运的影响而逐渐发展成为工商业发达的地区性中心聚落。位于大运河与长江交叉口的扬州，自隋至清，一直是大运河的要地。扬州城与大运河的邗沟段同期修建，至今可见运河对城市格局的影响。唐代扬州是全国最发达的商业都会，元代则成为重要的国际性都会，明清更由于盐业的发达而更加繁荣。苏州、杭州的历史也与6世纪江南运河的开通息息相关。宋代的苏州城更由于以水系为脉络、以河道为骨架，塑造了杰出的双棋盘式格局，将大运河之水引入家家户户门前，形成了独特的“水陆相邻、河街平行”的居住模式。农业、丝织业的发达加之漕运带来的便利和商贸机会，使苏杭两地在宋代即被誉为“上有天堂，下有苏杭”，以形容其富庶与美丽。明清时期，苏杭两地更成为工商业极为发达的地区。北方的天津、南方的宁波（明州）均是大运河与海运的交汇点，也由此而成为历史上全国南北货物的集散地与重要的对外港口城市。

大运河与这些城市同生共源、共同演进，申报的城区段运河见证了大运河与这些城市共同的悠久历史，以及漕运带来的深远影响。

大运河沿岸的多处相关遗产，例如城市街区、商业设施等，均见证了漕运对城市聚落形成发展的推动作用，及其对区域性经济和贸易的影响。其历史街区是城市发展历史中运河影响的佐证。在水运交通便利、商业发达、经济繁荣的地区逐渐发展出会馆、商行等商业设施，反映了大运河沿线经济的繁荣和由此而生的文化发展情况，见证了大运河带来的思想、文化、技艺的交流和汇集。

第四节　大运河对中国的深远影响

作为 7 世纪至 19 世纪中国最重要的运输干线，大运河显示了水路运输在国家和区域发展、环境变迁与文化交流方面最强大而深远的影响力。

1. 大运河为建构与巩固大一统的帝国文明创造了条件

交通对于文明起着决定性的影响，尤其与古代帝国的社会结构形成有着重要的相互作用。中国文明本质上具有农业文明与河流文明的特征，特殊的地理气候使农耕极为发达，并产生了自给自足的经济模式，与罗马文明发达的商品经济特征与海洋文明特征有很大不同。自秦代以来，中国历代王朝均为大一统的郡县制，皇帝对下级具有绝对的领导权，与西方罗马帝国的行省制在中央对地方的控制程度上有很大不同。罗马帝国的交通网络更多出于区域之间的贸易与供给需求，而中国古代的交通动脉则更多出于控制国土、巩固统治的需求。由国家投资建设、国家统一规划实施的大运河就是在这样的需求下产生并服务于这样的功能的。

隋代大运河为隋唐宋时期帝国政权的维护和经济、文化的繁荣提供了有力支撑；元代至明清的大运河加强了北京地区的政治和军事地位，为北京地区在唐宋以后成为中国古代的政治统治中心、经济管理中心、军事指挥中心、文化礼仪活动中心奠定了基础。大运河是维系统一帝国文明发展的命脉，是人类文明史的重要物证。

2. 大运河改变并塑造了沿线广大区域的自然环境

大运河通过长期的人工干预，在与自然的共同作用下大大改变了沿线地貌和自然环境，体现出人类对自然的不断抗争与适应的过程，以及由此带来的对环境的深远影响。由于运河南北向的截断，促使位于运河北部的海河流域的多条河流由西向东入海的格局改变为多条河流汇集为一条河流入海的扇形格局，为了宣泄由此带来的洪水，在自然与人工共同作用下，形成了河北平原上的多处洼淀湿地。

南旺分水枢纽工程的建设，引小汶河水为

水源，筑堤以形成蓄水水柜，运行五百余年间，使原本的南旺湖逐渐扩大为湖群并形成了新的湖泊。而 1855 年黄河北徙后，运河断流，由于自然及人为的各种原因，现已全部干涸消失，多数成为了耕地。

大运河在与黄河的长期斗争中与淮河下游南北两大湖群的产生有密切关联。南四湖在明代之前还是一连串零星湖泊，12 世纪黄河夺淮入海，运河为避黄而改道湖东（中河段），湖东面承受运河的余水，西面又有黄河决流的汇注，湖面迅速扩大并由此形成面积达千余平方公里的南四湖。

黄河夺淮使隋唐之前的浅水小湖扩大为洪泽湖，而明清时期清口枢纽工程洪泽湖大堤的修筑直接导致了巨型人工水库（清代三千余平方公里）的形成。洪泽湖湖面高于黄河水面达三至四米多，汛期水势往往涨至六至七米多，洪水决口时有发生，导致运西白马、高邮、宝应、邵伯等湖不断扩大。为治理洪涝灾害并保障运河运行，除采取减水闸的方式外，同时利用里运河导引黄淮洪水南流，经由运河归长江入海，奠定了现代淮河入江的格局。

今天的运河沉静而平稳，让人难以想象历史上的惊心动魄，然而每一股细流都无声地诉说着中国古人的勇气、决心、智慧与牺牲。

3. 大运河推动了广泛的文化交流

大运河带来了中国中东部的大沟通和大交流，并与丝绸之路和海上丝绸之路的重要节点——洛阳、明州相联系，成为沟通陆海丝绸之路的内陆航运通道，在文化交流方面产生了深远的影响。

大运河是一条文化的河流，它不仅直接串联起南北，沟通了黄河与长江，而且间接地连接起更为广阔的空间，对中国文化大格局的形成具有十分重要的作用，同时也是联系古代中国与世界的桥梁，是古代东方主要的国际交通路线之一。

大运河的开通与历代的整修，对于古代中国北方先进生产技术与文化的向南传播，具有重要的交通走廊意义。自从隋炀帝开江南运河之后，使江南地区与中原联系在一起，从此，形成了北方与中原文化沿运河南迁的局面，北方民族的生活方式、文化成就、经济物资通过运河的沟通，融入到南方地区的社会发展之中，也直接促进了之后南方经济中心的兴起。

隋唐以后，北方与中原地区遭受频繁的战争与灾荒，古代中国的经济中心逐渐转移至江南地区。运河使江南的丝织工艺、陶瓷制造术、建筑术、造纸印刷术、指南针及各种文化书籍大量运往北方，江南物产对北方与中原生活方式与价值观念产生了深远的影响。同时，雄厚的物质基础也使江南成为全国人文荟萃之地，江南地区成为古代中国科举制度下官吏阶层、文人阶层最重要的来源地，大量江南士子或游学或求仕，多由运河北上，把江南社会的文化、风俗、生活方式带往中原与北方，成为群体性重要的历史与文化行程。

中国区域文化虽然众多，但以北方的齐鲁文化与江南文化最为可观。齐鲁文化本质上是一种伦理文化，而江南文化本质上是一种诗性文化，它们代表着中国人最基本的生存需要与文化理想，因而两者之间的双向交流十分重要。大运河使两种在原则上针锋相对的伦理与审美文化，在现实中获得了接触、理解与融合的可能，在两者之间起到重要的沟通与交流作用，对古代中国文化大格局的形成具有十分重要的作用。

大运河的开通与整修，不仅直接刺激与活跃了中国区域间的物流与人际交往，同时也影响到古代中国与世界的外交往来及其路径。大运河是古代东方世界主要国际交通路线的组成部分。隋唐宋时期大运河的一端通过明州港（宁波）以通海外诸国，另一端则从洛阳西出以衔接横贯亚洲内陆的丝绸之路。元代以后则由于蒙古帝国的建立使欧亚大陆交通畅通，大运河使中国与世界更为紧密地联系起来，丝织工艺、陶瓷制造术、建筑术、造纸印刷术、指南针以及各种文化书籍向海外传播，东南亚的优质木材、宝石、香料、象牙以及中亚的皮革、矿物颜料等进入中国并经由运河传遍全国，中国工匠甚至参与了中东灌溉工程的设计与建造。中国与亚洲、西方的僧人、官员、商人、传教士、旅行家、使团等频繁地由运河南来北往中国内地，并经由海上、陆上交通，形成了古代中国与亚洲、欧洲等广泛的政治、经济、文化联系，促进了古代世界的沟通与交流。

4. 大运河本身是文明进程的重要组成部分

大运河是中国自古以来的大一统思想与观念的印证，并作为庞大农业帝国的生命线，对国家大一统局面的形成和巩固起到了重要的作用。

中国古代国家的特征可分为两个大的阶段：夏商周三代（包括春秋战国）为第一个阶段，其基本特征是以国王为首的宗法贵族世袭分封制，以及民族主体的国家观。自秦汉至明清为第二阶段，时长约两千余年，其基本特征是以皇帝为首的地主官僚中央集权制，以及多民族、大一统、中央集权的国家观。

中国的大一统思想由来已久。大一统思想萌发于西周时期，最终形成于春秋晚期战国初期，这一时期由于诸侯混战加剧，希望和平、统一国家出现的国家观思想已经萌芽。孔子即主张天下大一统，所谓“天下有道，则礼乐征伐自天子出”。春秋战国时期诸子百家也多有关于大一统观念的思想著说，如韩非子也认为“事在四方，要在中央；圣人执要，四方来效”。在儒家经典《公羊传》中，则第一次明确提出了“大一统”的概念：“何言乎王正月？大一统也。”至秦代，政治家李斯更是明确提出：“灭诸侯，成帝业，为天下一统。”随着秦汉帝国的形成，中国由民族分立、诸侯混战而逐步成为多民族、大一统国家。到了汉代，大一统的观念与理论已经相当成熟，并极大影响了史家对历史的记述，《史记》可以算是集大成者。随着隋唐宋时期统一集权国家的政治制度的完善、经济的发展与南北民族与文化的大融合，大一统的国家观更是深入人心。至元明清时期，大一统的国家形态得到前所未有的巩固，大一统的国家观成为被社会各阶层广泛认可的主张。元世祖忽必烈改国号称“大元”时曰：“见天下一家之义。”(《元史·世祖本纪四》)清康熙皇帝曰：“合天下之心以为心，公四海之利以为利。”(《清史稿·圣祖本纪三》五十六年诏)。由国家组织编撰的《大元大一统志》《大明一统志》《大清一统志》更成为大一统国家观在政治、文化层面的直接反映。

大运河是大一统国家观的直接体现。大运河的第一次大沟通，伴随着隋帝国创立，以及由此产生的对南方经济区的物资需求以及与对北方边疆控制的军事需求。大运河的第二次大沟通则在结束长期分裂割据局面、民族融合高峰再次出现的元帝国时期得以实现。大运河的历史始终伴随着中国古代大一统国家的形成、发展和巩固的进程。

大运河又是维系国家统一的重要政治与经济战略部署，促进和巩固了农业帝国的大一统局面。从历史上看，贯通南北的大运河对历代中华帝国的政治军事局势有着举足轻重的作用。尤其是隋唐以后，运河的开凿与开发，无不是围绕着巩固疆土和强化皇朝统治而展开，其最直接的目的就是出于军事需要和经济需求。因此，大运河也就成了维系中央集权和中国大一统局面的政治和经济纽带，使隋唐以后政治中心逐渐北移的历代皇朝呈现出强烈的大一统色彩，特别是元朝实现全国统一以后直至明、清两朝，奠定了大一统局面的坚实基础。

大运河促进了中国历史上传统的两大区域——南方与北方之间的相互交流，推动了南北方各个民族之间的融合，是文化交流、民族融汇之河，推动了中华民族多元一体文化的产生。大运河沿线的临清、天津、淮安、扬州、苏州等地历史上便是“五方杂处”之民居住之地。大运河沿线地区的多民族混居情况进一步促进了各个民族之间的交流与融合，最终奠定了统一国家的文化基础。

大运河的贯通，促进和支持了中国历史上多次大一统局面的形成，并进而成为大一统这一政治理想与国家观的直接印证。

大运河通过对沿线风俗传统、生活方式的塑造，与运河沿线广大地区的人民产生了深刻的情感关联，成为沿线人们共同认可的“母亲河”。

大运河的修建把若干小的割据的自然环境贯通成为一个体系，并转化成一个大的具有共性的人文环境。在一千多年的历史积淀下，在便利交通运输、繁荣两岸商业的同时，也孕育了运河两岸特有的民情风俗，深刻影响着沿线人民的生活方式。

世代劳作、生息在运河上的百姓人家，在沿袭传统节日如春节、元宵节、端午节等保留传统娱乐活动的同时，内容有所增益，其中处处可见运河印记，带有鲜明的运河色彩。比如中元节时在运河中放河灯，是运河地区包括天津、山东以及江南等地保存至今的节庆习俗。

生活在大运河两岸的人们，一方面享受着运河舟楫、水产等恩惠，另一方面也承受着运河暴虐、泛滥的种种苦难。因此，运河沿岸的人们对与自己生存息息相关的运河，产生了敬畏崇拜之情。婚俗中向河中抛洒钱币的风俗，尽量避免使用谐音灾难的词语的语言禁忌，都表达着与大运河密切相关的民间信仰。为了向河神祈福消灾、趋利避害，便有了对河神的种种祭祀活动。申报遗产中的龙王庙、盐宗庙等便是与运河相关的信仰的见证。

人们沿着大运河逐水而居，在沿运河而兴起的城镇中，有着鲜明的运河烙印。在南方，运河水系与城市水系巧妙连接，形成了独特的“枕水人家”居住模式，扬州、苏州、无锡、杭州、绍兴、南浔等历史城镇的运河街区均生动

南浔历史街区

展现了大运河对生活方式的塑造。在北方，虽然自古以来由于水资源并不丰沛的缘故，城镇、街区格局受水系的影响并不显著，但在运河的沿岸，却与其他北方地区有很大不同，别具特色。

大运河流经的区域，是中国中东部最为核心的地区。大运河用她的乳汁哺育着依河而居的人们，并在他们的生活中留下了鲜明而又隽永的印记，成为跨越南北各文化区一代代人的共同记忆；运河所经广大地区的人民用“不是生母，便若乳娘”来形容与大运河之间深刻的情感关联，成为沿线人民所共同认可的“母亲河”。

山塘历史文化街区

运河城市——杭州

运河城市——无锡

附：运河文化知识点

《世界遗产名录》中的中国大运河　大运河共有十段河道和五十八处遗存入选《世界遗产名录》，申遗十大河段分别为：通济渠段、浙东运河段、南运河段、卫河（永济渠）段、通惠河段、会通河段、淮阳运河段、北运河段、中河段及江南运河段。遗产点分布在沿线八省市二十七个城市，分别为：北京市，天津市，河北省沧州、衡水，河南省安阳、鹤壁、洛阳、郑州、商丘，山东省德州、聊城、泰安、济宁、枣庄，安徽省淮北、宿州，江苏省宿迁、淮安、扬州、常州、无锡、苏州，浙江省杭州、嘉兴、湖州、绍兴、宁波。

含嘉仓　中国古代国家粮仓，位于河南省洛阳市老城北，始建于605年，用于储藏各地缴纳的粮食。现代考古证实，仓城东西长六百一十二米，南北宽七百一十米，总面积四十三万平方米，共有圆形仓窖四百余个，为隋唐时期“天下第一仓”。2014 年 6 月 22 日在卡塔尔多哈召开的联合国教科文组织第三十八届世界遗产委员会会议上，中国大运河申遗成功，含嘉仓遗址入选世界遗产名录。

东都就食　东都指的是洛阳。古代中国的王朝多建都于长安、洛阳。到隋唐时期，皇帝常常往来于两都之间。长安地处偏西，峡谷围绕，地势险峻。而洛阳居天下之中，四通八达，在交通便利上占有优势。隋炀帝开凿大运河，永济渠和通济渠以洛阳为中心分别向东北和东南延伸，洛阳成为大运河的中枢和粮食集散中心。长安地区因人口过度集中，粮食不敷食用，因而皇帝常常带着大臣去东都洛阳就食。

《清明上河图》　12 世纪北宋画家张择端的名作，宽二十四点八厘米，长五百二十八点七厘米，反映了北宋都城开封的繁华。运河的开通带来了中国各地的物产，造就了开封城市的繁荣。

堰埭　运河上的一种拦河坝式的建筑，用于堵住缺口，将水逐段保留在运河中，以保证通航。

旱地行船 是黄河壶口独有的景观。历史上，黄河壶口上游的水运格外繁忙；但因为壶口瀑布飞流直泻，空中跌水十分惊险，因此凡是航行于黄河上的船只，每路过壶口，必须先在瀑布上游卸下货物，在船上拴上绳索，用人力将空船从河中拉上旱路，从陆地越过瀑布，再下水装货。

淮扬菜 指流行于大运河港口城市江苏扬州、镇江、淮安及其附近地域的菜肴，与鲁菜、川菜、粤菜并称为中国四大菜系。淮扬菜选料严谨，讲究鲜活，主料突出，刀工精细，重视调汤，讲究原汁原味，并精于造型，口味咸淡适中。淮扬菜的著名菜肴有清炖蟹粉狮子头、大煮干丝、水晶肴肉等，菜品细致精美。

马可·波罗笔下的大运河 意大利旅行家、商人马可·波罗（1254—1324）于13世纪来到东方的蒙古帝国，得到忽必烈汗的接见，游历了中国东部和江南多个城市，在中国待了17年。在《马可·波罗游记》里，他这样描述大运河：这条运河由大汗下令挖掘，将内河及湖沼连接，凡大河与大河之间、湖泊与湖泊之间，都掘出河道，河中的水宽而深，就像大河一样。满载货物的大船可以从瓜洲（今江苏扬州）一直航行到汗八里城（元大都北京）。

南新仓 大运河“南粮北运”的终点站，位于北京东四十条，于1409年在元代北太仓的基础上修建，至今已有六百多年历史。现存古粮仓九座，是北京现存规模最大、保存最完好的皇家粮仓。

钞关 明清朝廷在内河航线上设立的船税征收机构。全国八大钞关有七个设在大运河沿线，分别为北京崇文门钞关、天津河西务钞关、临清钞关、淮安榷关、扬州钞关、苏州浒墅钞关、杭州北新钞关。临清运河钞关是目前全国仅存的运河钞关，2014年随大运河申遗成功列入世界历史文化遗产。

南船北马 以交通工具的变化形容淮安在大运河上特殊的地理位置。古时候，来自南方浙江、江西、福建等省的人，到了淮安下船登陆，换乘马车继续北上；而北方人也是在淮安弃车马坐船南下。

嘉兴运河三塔 嘉兴是大运河江南运河段

上的重要城市。嘉兴城西运河三塔湾的河畔，耸立着三座砖塔，被称为“嘉兴三塔”。这三座塔最早建于唐代，运河到三塔这里要经过一个急转弯,水流湍急。相传唐代高僧行云云游到此，见此处水流湍急,为避免舟船翻覆,就运土填潭，并建起三座塔，以“镇潭中白龙”。现在的三塔为1999年重建，均为七层，中间最高的一座为十五米。塔为实心，每层都有佛龛。这三座塔也相当于运河中的航标，过去船工水手远远望见三塔，就会小心行驶。

通州开漕节 庆祝首批漕粮至通的节日。通州是京杭大运河的北端，也是漕运的起点，明代时每年有一万两千一百四十三条漕船分为十帮从这里起航。在首帮漕船至通的日子，每年的三月一日，都会有中央掌管漕运的官员和通州地方官吏以及当地民众数万人齐集庆祝。仪式包括上香祭拜，燃放鞭炮，表演狮子舞、少林、高跷、打鼓、旱船、竹马、龙灯等，至1901年漕运停止而止。

蚣蝮 大运河畔的古桥上常见的镇水神兽。在悠久的中国民间传说体系中，龙生了九子，其中一个擅长水性，能降水妖，头生犄角，身

蚣蝮

镇水铁牛

披龙鳞，面如狮，尾似虎，这就是蚣蝮。在大运河许多处桥梁、码头、堤坝、闸口，各种姿态的镇水兽成对蹲守，有着祈福平安、警示水位、保护桥体的功能。

通州运河八里桥 八里桥又称“永通桥”，是一座三孔的卷形石拱桥，建于1446年。此桥中间的桥洞高达八点五米，而左右两孔仅高三点五米，相差悬殊，这是专为漕运的需要设计的。因为通惠河上的运粮船多为帆船，工匠将桥的中孔建造得高，漕船可以直出直入，有所谓“八里桥不落桅”之说。

无锡清名桥 无锡古运河上规模最大、保存最完整的单孔石拱桥，始建于16世纪明朝万

清名桥历史文化街区

历年间，至今已有四百多年的历史。桥长四十三点二米、宽五点五米，桥孔跨度十三点一米，全系花岗岩堆砌而成。

浙江绍兴八字桥　八字桥位于绍兴城区，始建于13世纪中国南宋时期。桥坐落在三街、三河的交叉处，桥东为南、北落坡，成“八”字形；桥西为西、南落坡，成“八”字形；桥两端的南向两个落坡也成“八”字形，且坡下各有一个桥洞，又形成了两座小桥，被称为“古代的立交桥”。

苏州宝带桥　宝带桥横卧在大运河与澹台湖之间的玳玳河上，用坚硬的金山石修建。桥

宝带桥

长三百一十六点八米，有五十三个桥孔，是我国现存古桥中最长的多孔桥。宝带桥由当时的苏州刺史王仲舒主持建造。为筹集经费，王仲舒将自己身上的宝带捐出来，桥的外观仿照王仲舒的宝带形状而建，因此而得名。现在的宝带桥是明代正统年间重建的。

嘉兴长虹桥　位于浙江省嘉兴市。东西向横跨在京杭大运河之上，为一座三孔石拱桥，也是大运河上罕见的巨型三孔实腹石拱大桥，气势宏伟，形似长虹。它始建于明万历年间（1573—1619）。桥全长为七十二点八米，桥面宽四点九米，东西桥阶斜长为三十米，各有台阶五十七级，用长条石砌成。